ÜBER VERBRECHEN UND STRAFFEN

CESARE BECCARIA

Übersetzt von
KARL ESSELBORN

INHALT

An den Leser	1
1. Einleitung	7
2. Ursprung der Strafen. Befugnis zu strafen	12
3. Folgerungen	16
4. Auslegung der Gesetze	18
5. Undeutlichkeit der Gesetze	24
6. Von der Untersuchungshaft	27
7. Indizien und Gerichtsverfassung	30
8. Von den Zeugen	34
9. Geheime Anklagen	39
10. Verfängliche Fragen. Aussagen	43
11. Von den Eiden	45
12. Von der Folter	47
13. Gerichtsverfahren und Verjährung	58
14. Versuch, Mitschuldige, Straflosigkeit	64
15. Milde der Strafen	68
16. Von der Todesstrafe	74
17. Verbannung und Gütereinziehung	88
18. Ehrlosigkeit	91
19. Schnelligkeit der Bestrafung	94
20. Gewißheit und Unausbleiblichkeit der Strafen. Begnadigung	98
21. Freistätten	102
22. Von dem Aussetzen eines Preises auf den Kopf eines Verbrechers	105

23. Verhältnis zwischen Verbrechen und Strafe	108
24. Maßstab der Verbrechen	112
25. Einteilung der Verbrechen	116
26. Majestätsverbrechen	119
27. Verbrechen gegen die Sicherheit des einzelnen Bürgers. Gewalttätigkeiten	121
28. Beleidigungen	125
29. Von den Zweikämpfen	130
30. Diebstähle	132
31. Schleichhandel	134
32. Von den Schuldnern	137
33. Von der öffentlichen Ruhe	141
34. Von dem politischen Müßiggang	143
35. Vom Selbstmord und der Auswanderung	145
36. Schwer zu beweisende Verbrechen	151
37. Von einer besonderen Art Verbrechen	156
38. Falsche Vorstellungen von der Nützlichkeit	159
39. Von dem Familiengeiste	163
40. Vom Fiskus	168
41. Wie man den Verbrechen vorbeugt	171
Schluß	181
Cesare Beccaria	182

AN DEN LESER

Einige Überreste von Gesetzen eines eroberungslustigen Volkes des Altertums, die auf Befehl eines vor zwölf Jahrhunderten herrschenden Fürsten[1] zusammengestellt und später, mit langobardischem Gewohnheitsrecht vermischt, in dickleibigen Folianten von privaten und unverständlichen Auslegern niedergelegt wurden, bilden jene Überlieferung von Rechtsansichten, die noch jetzt in einem großen Teile Europas als Gesetze bezeichnet werden. Es ist traurig, aber es kommt gleichwohl bis auf den heutigen Tag vor, daß eine Ansicht Carpzovs[2], ein alter von Clarus[3] erwähnter Gebrauch, eine von Farinacius[4] mit zornerfülltem Wohlgefallen vorgeschlagene Folterungsart die Gesetze sind, denen diejenigen unbedenklich gehorchen, die nur mit der größten Umsicht auf die Lebensführung und den Wohlstand der Menschen einwirken sollten. Diese Gesetze, die ein Ausfluß der barbarischsten Jahrhunderte sind[5], sollen in dem vorliegenden Buche nach ihrer strafrechtlichen Seite hin geprüft werden. Der

Verfasser wagt es, die Mängel dieser Gesetze den Lenkern des öffentlichen Wohls in einer Sprache darzulegen, die dem ungebildeten und ungeduldigen Volk nicht zusagt. Die freimütige Erforschung der Wahrheit und die Unabhängigkeit von landläufigen Ansichten, wie sie in diesem Werke zutage treten, ist eine Wirkung der milden und aufgeklärten Regierung, unter der der Verfasser lebt. Die erlauchten Herrscher, Wohltäter der Menschheit, die uns regieren, lieben es, wenn die Wahrheit von einem schlichten Philosophen in nachdrücklicher Rede, aber ohne Fanatismus vorgetragen wird. Denn dieser widerstrebt der Vernunft und wird nur von dem angefacht, der in leidenschaftlicher und verschlagener Weise vergeht. Die Mängel des gegenwärtigen Rechtszustandes erscheinen dem, der alle Umstände genau prüft, als ein bitterer Vorwurf gegen [als eine überholte Vorlage für] vergangene Zeitalter, nicht aber für dieses Jahrhundert und seine Gesetzgeber.

Wer mich daher mit seiner Kritik beehren will, der fasse zunächst das Ziel klar ins Auge, das dieses Werk verfolgt; ein Ziel, das, weit davon entfernt, der rechtmäßigen Obrigkeit Abbruch zu tun, diese vielmehr fördern würde, sofern die Meinung stärker auf die Menschen einwirkt als die Gewalt, auch wenn Milde und Menschlichkeit sie in aller Augen rechtfertigen. Die auf Mißverständnis beruhenden, gegen dieses Buch veröffentlichten abfälligen Kritiken haben ihren Grund in unklaren Begriffen und nötigen mich, meine an die aufgeklärten Leser gerichteten Ausführungen für einen Augenblick zu unterbrechen, um ein für allemal den Irrtümern eines ängstlichen Eifers oder den Verleumdungen des mißgünstigen Neides jeden Zugang zu verschließen.

Drei Quellen gibt es, aus denen die Grundsätze der Moral und Politik, die das Tun der Menschen regeln, ihren Ursprung herleiten: die Offenbarung, die Naturgesetze und die Gesellschaftsverträge. Hinsichtlich ihres Hauptzwecks lassen sich die erstere und die beiden andern nicht vergleichen; aber darin kommen sie überein, daß alle drei zur Glückseligkeit dieses irdischen Lebens führen sollen. Wenn wir auch nur die Beziehungen der Gesellschaftsverträge ins Auge fassen, so schließen wir darum nicht die Beziehungen der beiden ersteren von unserer Betrachtung aus. Aber sogar diese waren, obgleich göttlich und unwandelbar, durch die eigene Schuld der Menschen in deren verdorbenem Sinn infolge falscher Religionen und willkürlicher Begriffe von Tugend und Laster tausendfach entstellt worden. Daher scheint es notwendig, ohne jede Rücksicht auf alles andere die Folgerungen zu prüfen, die sich aus den rein menschlichen Verträgen ergeben, die entweder ausdrücklich abgeschlossen worden sind, oder doch um der allgemeinen Notwendigkeit oder Nützlichkeit willen vorausgesetzt werden. In diesem Gedanken müssen alle Sekten und alle Moralsysteme notwendigerweise übereinkommen, und es wird immer ein Unternehmen lobenswert sein, das selbst die Hartnäckigsten und Ungläubigsten dazu zwingt, sich den Grundsätzen unterzuordnen, die die Menschen zu dem geselligen Leben nötigen. Es gibt daher drei Arten von Tugenden und Lastern, nämlich Religiose, natürliche und politische. Diese drei Arten dürfen niemals miteinander in Widerspruch treten. Aber nicht alle Folgerungen und Pflichten, die sich aus der einen Art ergeben, lassen sich auch aus den anderen ableiten; nicht alles, was die Offenbarung fordert, verlangt auch das Naturgesetz, noch fordert alles, was dieses erheischt, das rein gesellschaftliche Gesetz. Aber es ist höchst wichtig, die Folgerungen dieser Übereinkunft, d. h. der ausdrücklichen oder stillschweigenden Verträge der Menschen, für sich allein zu betrachten, weil dies die Grenze jener Gewalt ist, die rechtmäßig zwischen Mensch und Mensch ohne besonderen Auftrag des höchsten Wesens geübt werden kann. Daher darf man, ohne fehl zu gehen, den Begriff der politischen Tugend als veränderlich bezeichnen. Der Begriff der natürlichen Tugend würde daher immer klar und durchsichtig sein, wenn nicht der Unverstand und die Leidenschaften der Menschen ihn getrübt hätten. Der Begriff der religiösen Tugend endlich ist immer gleichbleibend und unwandelbar, weil er unmittelbar durch Gott offenbart ist, und von ihm aufrecht erhalten wird.

Es wäre also ein Irrtum, wollte man dem, der von den Gesellschaftsverträgen und deren Folgerungen spricht, Grundsätze zuschreiben, die dem Naturgesetz oder der Offenbarung zuwiderliefen; denn er redet ja von diesen gar nicht. Es wäre ein Irrtum, wenn man da, wo von dem dem Gesellschaftszustande vorausgehenden Kriegszustande die Rede ist, diesen in dem Hobbesschen Sinne, d. h. als einen jeglicher Pflicht und Verbindlichkeit ledigen Zustand, anstatt als eine Tatsache auffassen wollte, die aus der Verderbtheit der menschlichen Natur und dem Fehlen ausdrücklicher Gesetze hervorgeht. Es wäre ein Irrtum, wenn man einem Schriftsteller, der die Folgen des Gesellschaftsvertrags untersucht, es zum Verbrechen anrechnen wollte, daß er diese nicht als dem Vertrage selbst vorausgehend, annimmt.

Die göttliche und die natürliche Gerechtigkeit sind

ihrem Wesen nach unwandelbar und beständig, weil das Verhältnis zwischen gleichbleibenden Größen immer dasselbe ist. Dagegen kann die menschliche oder politische Gerechtigkeit, die nur ein Verhältnis der Handlung zu dem wechselnden Zustande der Gesellschaft ist, sich in dem Maße verändern, als jene Handlung für die Gesellschaft notwendig oder nützlich wird; und nur dann kann man sie deutlich erkennen, wenn man die verwickelten und sehr veränderlichen Beziehungen der bürgerlichen Verhältnisse zergliedert. Sobald diese wesentlich voneinander verschiedenen Grundsätze durcheinander geworfen werden, ist keine Hoffnung auf eine ersprießliche Erörterung der öffentlichen Angelegenheiten mehr vorhanden. Sache der Theologen ist es, die Begriffe von Recht und Unrecht festzustellen, soweit die innere Schlechtigkeit oder Güte in Betracht kommt. Die Feststellung der Beziehungen des politischen Rechts zu dem politischen Unrecht, d. h. zu dem der Gesellschaft Nützlichen oder Schädlichen, ist Sache der politischen Schriftsteller. Die Beurteilung des einen Gegenstandes kann jedoch niemals die des anderen in nachteiliger Weise beeinflussen, da jedermann einsieht, daß die rein politische Tugend der unwandelbaren und gottentsprungenen den Vorrang einräumen muß.

Wer also, ich wiederhole es, mich mit seiner Kritik beehren will, der beginne nicht damit, mir Tugend oder Religion vernichtende Grundsätze unterzuschieben, da ich doch gezeigt habe, daß meine Grundsätze keine derartigen sind. Anstatt mich als einen Ungläubigen oder Aufrührer hinzustellen, suche man lieber den Beweis zu erbringen, daß ich ein schlechter Logiker oder ein unbesonnener Politiker sei, zittere aber nicht bei jedem Vorschlag, der die Interessen der Menschheit vertritt; man überzeuge mich von der Nutzlosigkeit und dem politischen Nachteile, die aus der Verwirklichung meiner Grundsätze entspringen könnten, und lasse mich den Vorteil des überkommenen Verfahrens sehen. Ich habe ein öffentliches Zeugnis meiner religiösen Gesinnung und meiner Unterwerfung unter meinen Landesherrn in der »Entgegnung auf die Noten und Bemerkungen« abgelegt; eine Beantwortung weiterer Schriften ähnlicher Art wäre überflüssig. Wer aber mit der Schicklichkeit, die anständigen Menschen ziemt, und mit soviel Einsicht schreibt, daß ich des Beweises der ersten Grundsätze, welcher Art sie auch sein mögen, enthoben bin, der wird in mir nicht nur einen Mann finden, der sich verantworten will, sondern auch einen friedliebenden Freund der Wahrheit.

---

1. Es war der Oströmische Kaiser Justinian I., er ließ den Corpus Iuris Civilis erstellen, † 565
2. Benedikt Carpzow (1595 — 1666); er schrieb »Practica nova imperialis Saxonica rerum criminalium«. [KE]
3. Julius Glarus (1525 — 1575); Hauptwerke: »Practica criminalis« und »Tractatus de malefiiciis«. [KE]
4. Prosper Farinacius (1554 — 1613), Verfasser zahlreicher strafrechtlicher Werke, darunter eine »Theorica et Practica criminalis«. [KE]
5. Hierzu gehört auch der »Hexenhammer« (»Malleus maleficarum«) von Sprenger und Institorus, besonders der 3. Teil.

EINLEITUNG

Die Menschen überlassen meist die wichtigsten Anordnungen der Alltagsklugheit oder [entweder fehlt das zweite Glied der Aufzählung oder das Wort »oder« steht irrtümlich] dem Ermessen derer, die ein Interesse daran haben, die weisesten Gesetze zu bekämpfen, Gesetze, die ihrer Natur nach allen gleiche Vorteile gewähren, und den Bestrebungen derer entgegentreten, die sie auf einige wenige beschränkt wissen wollen, indem sie dem einen Teil ein Übermaß von Macht und Glück, dem anderen aber alles Elend und Unglück zuzuwenden suchen. Erst nachdem sie tausend Irrtümern über die für ihr Leben und ihre Freiheit wichtigsten Dinge begegnet sind, nachdem sie es endlich überdrüssig geworden sind, Leiden, die ihr äußerstes Maß erreichten, zu erdulden, fühlen sich die Menschen bewogen, den Mißständen, die schwer auf ihnen lasten, abzuhelfen und die handgreiflichsten Wahrheiten anzuerkennen, die wegen ihrer Einfachheit dem Verstande der Menge entgehen, die nicht gewohnt ist, den Dingen auf den Grund zu gehen, sondern alle Eindrücke mit einem Male mehr durch Überlieferung als durch eigene Prüfung aufnimmt.

Werfen wir einen Blick auf die Geschichte, so sehen wir, daß die Gesetze, die Verträge zwischen freien Menschen sind oder es wenigstens sein sollten, größtenteils nur ein Werkzeug der Leidenschaften einiger weniger oder Folgen einer zufälligen und vorübergehenden Notwendigkeit, aber niemals das Werk eines unbefangenen, ruhigen Beobachters der menschlichen Natur waren, der die Handlungen vieler Menschen unter einem Gesichtspunkt zusammenfaßt, und von diesem einen Gesichtspunkt aus betrachtet: möglichst großer Wohlstand dessen sich möglichst viele erfreuen. Glücklich sind die überaus wenigen Völker, die nicht abwarten, bis infolge eines glücklichen Zufalles und der Wechselfälle des menschlichen Lebens, nach dem das Elend seinen höchsten Grad erreicht hat, ein Umschwung zum Besseren eintritt, sondern den Übergang durch gute Gesetze beschleunigen. Die Dankbarkeit der Menschen verdient der Philosoph, der den Mut hatte, von seinem stillen und einsamen Studierzimmer aus den ersten, lange Zeit unfruchtbaren Samen nützlicher [1] Wahrheiten unter die Menge zu streuen.

Das wahre Verhältnis zwischen Fürst und Untertanen, sowie zwischen den einzelnen Völkern untereinander hat man nunmehr erkannt; der Verkehr hat sich belebt angesichts der philosophischen Wahrheiten, die durch die Buchdruckerkunst Gemeingut aller geworden sind. Unter den Völkern ist ein stiller Wettstreit des Fleißes entbrannt, ein Kampf, der der menschlichste und allein vernünftiger Menschen würdig ist. Dieses sind Errungenschaften, die der

Aufklärung dieses Jahrhunderts zu verdanken sind; aber wenige haben die Grausamkeit der Strafen und die Regellosigkeit des Strafverfahrens geprüft und bekämpft, das einen so bedeutungsvollen Zweig der Gesetzgebung bildet, und gleichwohl in fast allen Staaten Europas so sehr vernachlässigt wird. Nur sehr wenige haben, indem sie bis auf die allgemeinen Grundsätze zurückgingen, die seit mehreren Jahrhunderten aufgehäuften Irrtümer zerstört, und wenigstens durch die Kraft, die der erkannten Wahrheit innewohnt, den allzu freien Lauf der mißleiteten Gewalt im Zaum gehalten, die bis jetzt ein andauerndes und unbeanstandetes Beispiel kaltblütiger Grausamkeit gegeben hat. Und doch sollten die Seufzer der Schwachen, die der Grausamkeit der Unwissenden oder der Gleichgültigkeit der Reichen geopfert werden, die barbarischen Martern, die durch eine nutzlose und übergroße Strenge wegen unerwiesener und aus der Luft gegriffener Verbrechen vervielfältigt werden, und endlich der Ekel und Schauder eines Gefängnisses, die noch durch die schrecklichste Peinigerin der Unglücklichen, die Ungewißheit, erhöht werden, jene Art der im öffentlichen Leben stehenden Personen [2], die die Meinungen der Menschen lenken, aus dem Schlummer aufrütteln.

Der unsterbliche Präsident von Montesquieu ist rasch über diesen Gegenstand hinweggegangen [3]. Die nicht teilbare Wahrheit hat mich gezwungen, den lichtvollen Spuren dieses großen Mannes zu folgen; aber die denkenden Menschen, für die ich schreibe, werden meine Schritte von den seinigen unterscheiden können. Wie glücklich würde ich sein, wenn ich, wie er, des stillen Dankes der unbekannten und friedliebenden Jünger der Vernunft teilhaftig werden könnte, und wenn ich jene sanfte Erregung hervorrufen könnte, mit der gefühlvolle Herzen dem entgegenschlagen, der die Interessen der Menschheit verteidigt.

Die Reihenfolge der Gedanken würde jetzt zu einer Prüfung und Unterscheidung der verschiedenen Gattungen der Verbrechen und der Art ihrer Bestrafung führen; allein dann würde uns ihre mit den verschiedenen Zeit und Ortsverhältnissen wechselnde Natur zwingen, umständlich und ermüdend auf alle Einzelheiten einzugehen. Ich werde deshalb nur die allgemeinsten Grundsätze und die verderblichsten und verbreitetsten Irrtümer behandeln, um sowohl die eines besseren zu belehren, die aus falsch verstandener Freiheitsliebe die Anarchie einführen möchten, als auch die, welche gerne die Menschen unter eine klösterliche Regel zwängen.

Aber welche Strafen sind jenen Verbrechen angemessen? Ist die Todesstrafe wirklich für die Sicherheit und gute Ordnung der Gesellschaft nützlich und nötig? Sind Folter und peinliche Frage gerecht und erreichen sie den Zweck, den die Gesetze vor Augen haben? Wie werden die Verbrechen am besten verhütet? Sind dieselben Strafen zu allen Zeiten gleich nützlich? Welchen Einfluß üben sie auf die Sitten aus? Diese Fragen verdienen mit solcher mathematischer Genauigkeit gelöst zu werden, daß ihr weder die Nebelgebilde der Sophistik, noch die verführerische Beredsamkeit und der ängstliche Zweifel standhalten können. Wenn ich nur das Verdienst hätte, zuerst Italien mit größerer Klarheit gezeigt zu haben, was andere Völker zu schreiben gewagt haben und ins Werk zu setzen beginnen, so würde ich mich glücklich schätzen. Könnte ich aber durch die Verteidigung der

Rechte der Menschen und der unüberwindlichen Wahrheit dazu beitragen, auch nur ein unglückliches Opfer der Tyrannei und der ebenso verhängnisvollen Unwissenheit den Qualen und Ängsten des Todes zu entreißen, so würden der Segen und die Tränen dieses einen Unschuldigen mich in der Aufwallung meiner Freude über die Verachtung einer ganzen Welt trösten.

---

1. J. J. Rousseau. [KE]
2. Die Philosophen. [KE]
3. Beccaria meint dessen Hauptwerk, das 1748 erschienene »Vom Geist der Gesetze«

URSPRUNG DER STRAFEN. BEFUGNIS ZU STRAFEN

Von der politischen Moral ist kein dauernder Vorteil zu hoffen, wenn ihr nicht die unauslöschlichen Gefühle des Menschen zu Grunde liegen. Jedes Gesetz, das von diesen abweicht, wird stets einem Widerstand begegnen, der zuletzt siegt, gerade so wie eine noch so geringe Kraft, wenn sie nur unausgesetzt einwirkt, schließlich die heftigste einem Körper mitgeteilte Bewegung hemmt.

Ziehen wir das menschliche Herz zu Rate, so werden wir in ihm die Hauptgrundsätze des wahren Rechts des Souveräns, die Verbrechen zu bestrafen, finden.

Kein Mensch hat aus freien Stücken einen Teil seiner eigenen Freiheit aus Rücksicht auf das Gemeinwohl weggegeben; dieses Hirngespinst besteht nur in Romanen. Wenn es möglich wäre, würde jeder von uns wünschen, daß die Gesetze, die die anderen binden, ihn nicht bänden; jeder Mensch macht sich zum Mittelpunkt aller Verhältnisse des Erdballs.

Die Vermehrung des Menschengeschlechts, an sich

zwar gering, aber weit die Mittel übersteigend, die die unfruchtbare, sich selbst überlassene Natur zur Befriedigung der immer mehr sich einander in den Weg tretenden Bedürfnisse darbot, vereinigte die ersten Wilden. Die ersten Vereinigungen führten aber notwendiger Weise zur Bildung anderer, um den früheren Widerstand zu leisten, und so übertrug sich der Kriegszustand von dem einzelnen auf die Staaten.

Die Gesetze sind die Bedingungen, unter denen sich unabhängige und vereinzelt lebende Menschen zu einer Gesellschaft zusammenschlossen, da sie es müde waren, in fortgesetztem Kriegszustand zu leben und eine Freiheit zu genießen, die durch die Unsicherheit ihres Bestandes wertlos geworden war. Sie opferten einen Teil derselben, um den Rest in Sicherheit und Ruhe genießen zu können. Die Summe aller jener dem Wohle jedes einzelnen geopferten Freiheitsteile bildet die Souveränität einer Nation und der Souverän ist ihr gesetzmäßiger Hüter und Verwalter. Aber es genügte nicht, dieses Gesamtgut zusammenzubringen, man mußte es auch gegen die privaten Übergriffe der einzelnen Menschen sicherstellen, von denen jeder immer darnach strebt, aus dem Gesamtgut nicht allein seinen Anteil zurückzuziehen, sondern auch den Anteil der anderen sich anzumaßen. Es bedurfte daher fühlbarer Beweggründe, die den despotischen Sinn der Menschen daran zu hindern vermochten, die Gesetze der Gesellschaft in das alte Chaos zurückzuversenken. Diese fühlbaren Beweggründe sind die gegen die Übertreter der Gesetze festgesetzten Strafen. Ich sage fühlbare Beweggründe, weil die Erfahrung bewiesen hat, daß die große Menge weder feste Grundsätze für ihre Beweisführung annimmt, noch sich anders von jenem allgemeinen Grundsatze der Auflösung, den man in der körperlichen und geistigen Welt gewahr wird, abbringen läßt, als durch Beweggründe, die unmittelbar auf die Sinne einwirken und ständig dem Geist vorschweben und gegen die gewaltigen Eindrücke der Parteileidenschaften, die dem Gesamtwohl im Wege stehen, ein Gegengewicht bilden. Weder Beredsamkeit noch Vorträge, und am wenigsten die erhabensten Wahrheiten reichen hin, um für längere Zeit die durch die lebhaften Eindrücke der gegenwärtigen Dinge hervorgerufenen Leidenschaften im Zaum zu halten.

Die Notwendigkeit also war es, die die Menschen zur Abtretung eines Teiles ihrer eigenen Freiheit zwang: es ist daher gewiß, daß der einzelne zu dem Gesamtgut nur den kleinstmöglichen Teil beisteuern will, eben nur so viel als hinreicht, um die anderen zu seiner Verteidigung zu veranlassen. Die Zusammenfassung dieser möglichst kleinen Teile begründet die Befugnis zu strafen; was darüber hinausgeht, ist Mißbrauch, keine Gerechtigkeit, ist Tatsache, aber nicht Recht [1]. Die Strafen, die das zur Erhaltung des Gesamtgutes des öffentlichen Wohles erforderliche Maß überschreiten, sind ihrer Natur nach ungerecht; um so gerechter sind die Strafen, je heiliger und unverletzlicher die Sicherheit und je größer die Freiheit ist die der Souverän seinen Untertanen bewahrt.

---

1. Man bemerke, daß das Wort Recht mit dem Worte Gewalt nicht in Widerspruch steht, sondern das erste ist vielmehr eine Berichtigung des zweiten und zwar die der Mehrzahl nützlichste Berichtigung. Unter Gerechtigkeit verstehe ich nichts anderes als das zur Zusammenhaltung der Privatinteressen nötige Band. Die ohne dieses sich in den alten Zustand der Ungeselligkeit auflösen würden.

Man muß sich davor hüten, mit dem Wort Gerechtigkeit die Vorstellung von etwas Wirklichem, etwa einer physischen Kraft oder eines vorhandenen Wesens zu verbinden. Sie ist nur eine einfache Art der menschlichen Vorstellungsweise, die allerdings das Glück eines jeden wesentlich beeinflußt. Ebenso wenig verstehe ich darunter jene andere Art der Gerechtigkeit, die ein Ausfluß Gottes ist, und im unmittelbarem Zusammenhang mit den Strafen und Belohnungen im Jenseits steht. (Anmerkung Beccarias.) [KE]

FOLGERUNGEN

Die **erste** Folgerung aus diesen Grundsätzen ist, daß die Gesetze allein die Strafen für die Verbrechen bestimmen können und diese Machtbefugnis kann nur dem Gesetzgeber zustehen, der die ganze durch einen Gesellschaftsvertrag geeinte Gesellschaft vertritt. Kein Beamter kann, da er nur ein Teil dieser Gesellschaft ist, gerechterweise gegen ein anderes Glied derselben Gesellschaft Strafen verhängen. Eine Strafe, die das von den Gesetzen festgesetzte Maß überschreitet, ist die gerechte Strafe vermehrt um eine Zusatzstrafe; daher kann kein Beamter, unter welchem Vorwand des Amtseifers oder des öffentlichen Wohls es auch sei, die einem verbrecherischen Bürger zuerkannte Strafe erhöhen.

Die **zweite** Folgerung ist, daß der Souverän, der die Gesellschaft selbst vertritt, nur allgemeine, für alle Mitglieder verbindliche Gesetze geben, aber nicht darüber urteilen kann, ob jemand den Gesellschaftsvertrag verletzt hat; sonst würde die Nation in zwei Parteien gespalten, deren eine, von dem Souverän vertreten, die Verletzung des Vertrags behauptet, während die andere, die des Angeklagten, sie leugnet. Es ist also nötig, daß ein Dritter über die Wahrheit des Sachverhalts urteile. Hierauf beruht die Notwendigkeit einer Behörde, deren Sprüche keine Berufung zulassen [da die Angaben der Beteiligten aus Vermutungen] und aus bloßen Behauptungen oder Verneinungen einzelner Tatsachen bestehen [1].

Die **dritte** Folgerung ist, daß, wenn es sich herausstellen sollte, daß die Härte der Strafen, wenn auch nicht unmittelbar dem Gesamtwohl und dem Zwecke der Strafen, die Verbrechen zu verhüten, zuwiderlaufend, so doch unnütz wäre, sie auch in diesem Falle nicht allein den wohltätigen Tugenden widerstreben würde, die das Ergebnis einer aufgeklärten Vernunft sind, einer Vernunft, die es vorzieht, über glückliche Menschen zu herrschen als über eine fortwährend von feiger Grausamkeit bedrohte Sklavenherde, sondern auch im Widerspruch mit der Gerechtigkeit und dem Wesen des Gesellschaftsvertrags selbst stünde.

---

1. Vgl. Montesguieu, »Esprit des lois« VI. 5 [KE]

AUSLEGUNG DER GESETZE

Vierte Folgerung: Die Befugnis zur Auslegung der Strafgesetze kann nicht den Strafrichtern zukommen, und zwar aus demselben Grunde nicht, weil sie keine Gesetzgeber sind [1]. Die Richter haben die Gesetze nicht von unseren Ahnen als häusliche Überlieferung oder als ein Vermächtnis überkommen, das den Nachkommen nur die Pflicht des Gehorsams überließe, sondern sie haben sie von der lebenden Gesellschaft oder ihrem Vertreter, dem Souverän, als dem gesetzmäßigen Hüter der Ergebnisse des jeweiligen Gesamtwillens empfangen; sie erhalten sie nicht als Pflichten, die sich aus einem alten Eidschwur [2] ergeben. Ein solcher wäre nichtig, weil er den Willen noch nicht Existierender bände, er wäre ungerecht, weil er die Menschen vom Gesellschaftszustande zu dem einer Herde zurückführen würde. Die Gesetze sind vielmehr die Wirkung eines stillschweigenden oder ausdrücklichen Eidschwurs, den der vereinigte Willen aller jetzt lebenden Untertanen dem Souverän geleistet hat; sie sind Bande, die dazu nötig sind, um die innere Gärung der Sonderinteressen der einzelnen zu zügeln und zu leiten. Hierauf beruht die physische und wirkliche Macht der Gesetze. Wer wird also der gesetzmäßige Ausleger der Gesetze sein? Der Souverän, d. h. das gesetzmäßige Organ des jeweiligen Gesamtwillens, oder der Richter [3], dessen Beruf nur in der Untersuchung der Frage besteht, ob dieser oder jener Mensch eine gesetzwidrige Handlung begangen hat oder nicht?

Bei jedem Verbrechen muß der Richter einen vollständigen Vernunftschluß aufstellen: den Obersatz bildet das allgemeine Gesetz, den Untersatz die Handlung, die dem Gesetze entspricht oder nicht, den Schlußsatz die Freiheit oder die Strafe [4]. Stellt der Richter gezwungen oder aus freiem Willen auch [auch?] nur zwei Schlüsse auf, so ist der Unsicherheit Tür und Tor geöffnet.

Nichts ist gefährlicher als der allgemein angenommene Satz, daß man den Geist der Gesetze zu Rat ziehen müsse. Dies ist ein Damm, den der Strom der Meinungen durchbrochen hat. Diese Wahrheit, die den mittelmäßigen Köpfen, denen ein kleiner gegenwärtiger Mißstand mehr Sorge macht als die verhängnisvollen, aber ferner liegenden Folgen eines in der Nation eingewurzelten falschen Grundsatzes, paradox erscheinen wird, halte ich für erwiesen [5]. Unsere Kenntnisse und alle unsere Vorstellungen stehen in gegenseitiger Verbindung miteinander: je verwickelter sie sind, desto zahlreicher sind die Wege, die zu ihnen hinführen und von ihnen ausgehen. Jeder Mensch hat seine eigene Anschauungsweise und diese wechselt mit den verschiedenen Zeiten. Der Geist des Gesetzes wäre also das Ergebnis einer guten oder schlechten Logik eines Richters und würde von dessen leichter oder schwerer Verdauung bedingt sein: er wäre abhängig von der Heftigkeit der Leidenschaften des letzteren, von der Schwäche des Angeklagten, von den Beziehungen des Richters zu dem Verletzten und von allen den unscheinbaren Nebenumständen, die einem jeden Ding in dem unsteten Sinn des Menschen ein anderes Aussehen geben. Daher sehen wir, wie das Schicksal eines Bürgers oftmals sich ändert, wenn seine Sache von einem Gerichtshof vor einen anderen gebracht wird, und wie oftmals das Leben der Unglücklichen falschen Schlüssen oder der gegenwärtigen üblen Laune eines Richters zum Opfer fällt, der das unklare Ergebnis der wirren Reihe von Begriffen, die seinen Geist beschäftigen, für eine gesetzmäßige [gesetzeskonforme] Auslegung hält. Daher sehen wir, wie dieselben Verbrechen von dem gleichen Gerichtshof zu verschiedenen Zeiten verschieden bestraft werden, weil nicht der unveränderlich feststehende Wortlaut des Gesetzes, sondern die irreführende Unbeständigkeit der Auslegungen maßgebend war.

Ein Mißstand, der aus der starren Beobachtung des Buchstabens eines Strafgesetzes hervorgeht, steht in keinem Vergleich zu den aus der Auslegung entstehenden Übelständen. Ein solcher augenblicklicher Mißstand treibt dazu an, die leichte und notwendige Verbesserung der Worte des Gesetzes vorzunehmen, die die Unsicherheit veranlaßt haben; aber er verhindert jene verderbliche Freiheit der Schlußfolgerung, aus der die willkürlichen und feilen [kleinlichen] Streitfragen entstehen. Wenn eine feststehende Sammlung der Gesetze, die buchstäblich beobachtet [beachtet] werden müssen, dem Richter nur die eine Obliegenheit läßt, die Handlungen der Bürger zu prüfen und sie für im Einklang oder im Widerspruch mit den geschriebenen Gesetzen stehend zu erklären; wenn jene Norm des Rechts oder Unrechts, die in gleicher Weise den Handlungen des unwissenden wie des philosophisch gebildeten Bürgers zur Richtschnur dienen soll, nicht mehr Gegenstand einer Streitfrage ist, sondern tatsächlich feststeht, dann sind die Untertanen nicht mehr den kleinen Bedrückungen Vieler preisgegeben, die um so grausamer sind, je geringer der Abstand zwischen dem, der leidet, und dem, der die Leiden auferlegt, ist; Bedrückungen, die verderblicher sind als die eines einzigen, weil dem Despotismus vieler nur durch den Despotismus eines einzigen abgeholfen werden kann, und weil die Grausamkeit eines Despoten nicht im Verhältnis zu seiner Macht, sondern zu den sich ihm bietenden Hindernissen steht. Nur durch solche Gesetze erlangen die Bürger die Sicherheit der eigenen Person; diese entspricht der Gerechtigkeit, da sie der Zweck ist, weswegen die Menschen sich zur Gesellschaft zusammengeschlossen, und sie ist auch nützlich, da sie sie in den Stand setzt, die Nachteile einer Missetat genau zu berechnen. Es ist allerdings wahr, daß die Menschen hierdurch ein Unabhängigkeitsgefühl erlangen, das aber nicht an den Gesetzen rüttelt und sich nicht gegen die höchste Obrigkeit, sondern gegen die auflehnt, die sich vermessen, der Schwachheit, den eigenen selbstsüchtigen und launenhaften Ansichten nachzugeben, den hehren Namen der Tugend beizulegen [6]. Diese Grundsätze werden denen mißfallen, die es sich zum Gesetz gemacht haben, die Schläge, die ihnen die Tyrannei der Höherstehenden gab, ihre Untergebenen entgelten zu lassen. Ich hätte alles zu befürchten, wenn der Sinn für Tyrannei mit dem Sinn für Lektüre vereinbar wäre.

---

1. Gerichte sind keine Gesetzgeber; eine 250 Jahre alte Erkenntnis, die in Merkeldeutschland, wo in vielen Fällen keine Gesetze mehr gelten, mißachtet wird. Ein sogenannter »Asylbewerber« (der nur lebenslängliche Vollversorgung anstrebt) landet in Griechenland an, will seinen Antrag aber in Deutschland stellen. Ein Deutsches Gericht urteilt: Ja, er darf das, weil in Griechenland unmenschliche Bedingungen in den Aufnahmelagern (Angaben des Betroffenen!) herrschen. Die Entscheidung verstößt gegen geltendes Recht. Das Gericht maßt sich exekutive Kommandogewalt an. —

   Ebenso geriert sich das Bundesverfassungsgericht als Gesetzgeber, wenn es kein NPD—Verbot ausspricht. Begründung: Die NPD sei zu schwach, um den Staat in seiner Existenz zu gefährden. Ein eindeutiger Verstoß gegen das Grundgesetz, das eine solche Abwägung nicht kennt. »Staatsfeindliche Organisationen sind verboten.« heißt es im Grundgesetz; dort steht nichts von der momentanen Stärke des Verfassungsfeindes. Die Genossen denken an die Zukunft: So kann man einen Verbotsantrag des staats—, menschen— und kulturfeindlichen Islams mit der geübten Praxis und dem Gleichbehandlungsgebot ablehnen.

   — Ähnlich ist es mit islamischer Folklore (Schächten, Burka, Kopftuch, Beschneidung und Genitalverstümmelung), wo die Vorschriften des Wüstengottes Allah aus dem 7. Jahrhundert und der Altsteinzeit Vorrang vor Grundgesetz und Aufklärung erfahren.

2. Wenn jedes einzelne Mitglied mit der Gesellschaft verbunden ist, so ist diese in gleicher Weise mit jedem einzelnen Mitgliede durch einen Vertrag verbunden, der seiner Natur nach beide Teile verpflichtet. Diese Verpflichtung, die sich vom Throne bis auf die Hütte herab erstreckt und in gleicher Weise den höchstgestellten mit dem niedrigsten verbindet, bedeutet nichts anderes, als daß es im Interesse aller liege, daß die der Mehrzahl nützlichen Verträge beobachtet [eingehalten] werden.

   Das Wort Pflicht ist eines der in der Moral viel häufiger als in jeder anderen Wissenschaft angewendeten Worte, die nur ein Abkürzungszeichen für einen Vernunftschluß, aber nicht für eine Idee sind. Man suche eine hinter dem Worte Pflicht und wird sie nicht finden; zieht man aber einen Schluß, so

wird man sich selbst verstehen und verstanden werden. (Anmerkung Beccarias.) [KE]
3. Andere Lesart: und nicht der Richter, dessen Beruf ... oder nicht. [KE]
4. z. B. Obersatz: Wer einen Menschen vorsätzlich tötet, wird mit dem Tode bestraft. Untersatz: X hat einen Menschen vorsätzlich getötet. Schlußsatz: X wird mit dem Tode bestraft. [KE]
5. Montesquieu (Esprit des lois III, 3) hatte bereits gesagt: »In despotischen Staaten gibt es keine Gesetze: der Richter ist sich selbst Richtschnur. In monarchischen Staaten gibt es ein Gesetz; und da, wo es bestimmt ist, befolgt es der Richter; wo es dies aber nicht ist, sucht er den Geist des Gesetzes. Bei einer republikanischen Regierungsform liegt es in der Natur der Verfassung, daß die Richter den Buchstaben des Gesetzes befolgen. Dort kann man gegen keinen Bürger ein Gesetz auslegen, wenn es sich um dessen Güter, Ehre und Leben handelt.« [KE]

Und drei Zeilen weiter steht diese düstere Prophezeiung für das Deutschland des 21. Jahrhunderts: »Wenn bei einer Volksregierung die Gesetze aber einmal zu herrschen aufhören, ist der Staat bereits verloren. Denn das kann nur von der Verderbnis der Republik herrühren. (s. a. »Vorbemerkung des Herausgebers dieser (Internet)ausgabe« S. 135)
6. Im Merkelland geht jede Untat durch, wenn sie nur im Kampf »gegen Rechts« geschieht.

UNDEUTLICHKEIT DER GESETZE

Wenn die [willkürliche] Auslegung der Gesetze ein Mißstand ist, so liegt es auf der Hand, daß auch die Undeutlichkeit ein solcher ist, da diese notwendigerweise die Auslegung nach sich zieht; und dieser Mißstand erreicht seinen Höhepunkt, wenn die Gesetze in einer dem Volke fremden Sprache geschrieben sind, weil dieses hierdurch in die Abhängigkeit von wenigen kommt, indem es nicht selbst beurteilen kann, wie weit seine oder seiner Mitglieder Freiheit reicht. Denn die fremde Sprache macht ein Buch, welches ein heiliges öffentliches Buch sein sollte, zu einem geheimen und unzugänglichen.

Je größer die Zahl derer ist, die die anerkannte Sammlung der Gesetze verstehen und in Händen haben, desto weniger häufig werden die Verbrechen sein, da zweifellos Unwissenheit und die Unsicherheit der Strafen die Beredsamkeit der Leidenschaften unterstützt. Was sollen wir aber von den Menschen denken, wenn wir erwägen, daß dies der eingewurzelte

Zustand eines guten Teils des zivilisierten und aufgeklärten Europas ist?

Aus diesen letzten Erwägungen ergibt sich, daß ohne die Schrift eine Gesellschaft niemals eine feste Regierungsform annehmen wird, bei der die Gewalt auf dem Zusammenwirken aller, nicht nur einzelner Parteien [gemeint sind Interessen— und Standesgruppen] beruht, und wo die Gesetze, die einzig und allein durch den Willen der Gesamtheit abgeändert werden können, im Kampf mit den zahlreichen ihnen widerstrebenden Privatinteressen die Oberhand behaupten. Vernunft und Erfahrung haben uns gezeigt, daß Wahrscheinlichkeit und Zuverlässigkeit der menschlichen Überlieferungen in demselben Maße sich vermindern, wie sie sich von der Quelle entfernen. Gibt es demnach kein beständiges Denkmal des Gesellschaftsvertrags [keine anerkannte Kodifizierung des geltenden Rechts], wie sollen sich dann die Gesetze der unvermeidlichen Gewalt der Zeit und der Leidenschaften gegenüber behaupten?

Hieraus ersehen wir, welchen Nutzen die Buchdruckerkunst gewährt, die dem ganzen Volk, nicht nur einigen wenigen die geheiligten Gesetze in Verwahrung gibt, und wie sehr sie jenen finsteren Geist der Tücken und Ränke verscheucht hat, der vor der Aufklärung und vor der von seinen Anhängern scheinbar verachteten, in Wirklichkeit aber gefürchteten Wissenschaft zurückweicht. Daher kommt es, daß wir in Europa die Wildheit der Verbrechen, die unsere Vorfahren, die abwechselnd Unterdrücker und Unterdrückte waren, in Unruhe versetzte, in Abnahme begriffen sehen [1]. Wer die Geschichte der letzten zwei oder drei Jahrhunderte und die Gegenwart kennt, wird sehen, wie aus dem Schoße der Üppigkeit und der Verweichlichung die sanftesten Tugenden, Menschlichkeit, Wohltätigkeit und Duldsamkeit [2] gegenüber den menschlichen Irrtümern erwuchsen. Er wird aber auch sehen, welches die Folgen jener mit Unrecht so genannten alten Einfachheit und Biederkeit waren: Die Menschheit, die unter dem unversöhnlichen Aberglauben seufzt; die Habsucht, die Ehrbegierde einiger weniger, die mit Menschenblut die Schatzkammern und Throne der Könige färben; heimliche Verräterei, öffentlicher Massenmord; jeder Adlige ein Unterdrücker des niederen Volks; die Diener der evangelischen Wahrheit, die ihre Hände, die täglich den Gott der Sanftmut berühren, mit Menschenblut beflecken, sind nicht das Werk dieses aufgeklärten Jahrhunderts, das manche verderbt nennen.

---

1. Dem wird nun durch den Import von Ausländern mit einer minderwertigen Kultur, die sie hier ungeniert praktizieren, entgegengearbeitet. Selbst die Volksverräter erkennen, daß »die Gesellschaft« (wirklich unsere?) gewalttätiger geworden ist.
2. Auch wir sind stolz auf die Toleranz, die wir den islamischen Verbrechern entgegenbringen.

VON DER UNTERSUCHUNGSHAFT

Ein ebenso verbreiteter wie dem Zweck der Gesellschaft zuwiderlaufender Irrtum, der auf dem Bewußtsein der eigenen Sicherheit beruht, besteht darin, daß man es dem Belieben des mit dem Vollzug der Strafe betrauten Beamten anheimstellt, einen Bürger festzunehmen, einen Feind aus nichtigen Gründen der Freiheit zu berauben und einen Freund trotz der stärksten Verdachtsgründe unbestraft zu lassen. Die Haft [Untersuchungshaft] ist eine Strafe, die zum Unterschied von jeder anderen notwendigerweise der gerichtlichen Feststellung des Verbrechens vorauszugehen hat. Aber dieses unterscheidende Merkmal schließt die anderen Haupteigenschaften jeder Strafe nicht aus, daß nämlich das Gesetz allein die Fälle bestimmen kann, in denen jemand eine Strafe verdient hat. Das Gesetz muß also die Verdachtsgründe eines Verbrechens namhaft machen, die die Verhaftung des Beschuldigten rechtfertigen und ihn einer Untersuchung sowie einer Strafe unterwerfen. Das öffentliche Gerücht, die Flucht[gefahr], das außergerichtliche Geständnis des Angeklagten oder eines Mitschuldigen, Drohungen, dauernde Feindschaft mit dem Verletzten, das Vorhandensein von Überführungsstücken [Beweisstücke] und ähnliche Belastungsmomente sind hinreichende Gründe für die Verhaftung eines Bürgers. Aber diese Beweismittel [Begründungen] müssen vom Gesetz und nicht von den Richtern festgesetzt werden, deren Sprüche immer der politischen Freiheit zuwiderlaufen, wenn sie nicht die Anwendung einer im öffentlichen Gesetzbuch enthaltenen allgemeinen Bestimmung auf einen besonderen Fall darstellen.

In gleichem Maße wie die Strafen milder werden, wie Elend und Hunger in den Gefängnissen aufhören, wie Mitleid und Menschlichkeit durch die eisernen Türen hindurchdringen und den unerbittlichen und verhärteten Dienern der Gerechtigkeit gebieten, werden sich auch die Gesetze mit schwächeren Verdachtsgründen bei der Verhaftung begnügen. Wer, eines Verbrechens angeklagt, verhaftet, dann aber freigesprochen worden ist, der dürfte nicht mit dem Zeichen der Ehrlosigkeit gebrandmarkt sein. Wieviele Römer, die der schwersten Verbrechen angeklagt waren, wurden, nachdem sie unschuldig befunden worden, von dem Volke verehrt und durch hohe Würden ausgezeichnet! Woran liegt es, daß in unseren Zeiten das Los eines Unschuldigen hiervon so verschieden ist? Weil es scheint, als ob bei unserem heutigen Strafsystem wie in der Meinung der Menschen die Vorstellung von Gewalt und Übermacht die Oberhand habe über die Gerechtigkeit, weil man unterschiedslos in dasselbe Verlies Untersuchungs— und Strafgefangene wirft; weil das Gefängnis mehr ein Mittel zur Bestrafung als zur Bewachung des Gefangenen ist, weil die innere Gewalt, die die Gesetze schützt, von der äußeren, die Thron und Volk verteidigt, getrennt ist, während doch beide vereinigt sein sollten.

Wäre so die erstere mittels des gemeinsamen Beistandes der Gesetze mit der richterlichen Gewalt verbunden, ohne von ihr unmittelbar abzuhängen, dann würde der Glanz, der den prangenden Aufzug eines Militärkorps begleitet, die Schande vernichten, die — wie jedes Gefühl des Volkes — mehr an der Form als an der Sache haftet. Ist es doch erwiesen, daß in der öffentlichen Meinung das Militärgefängnis nicht so entehrend ist, wie das bürgerliche [1]. In dem Volk, in den Sitten und Gesetzen, die immer um mehr als ein Jahrhundert hinter dem Stande der gegenwärtigen Aufklärung eines Volkes zurück sind, dauern noch immer die barbarischen Vorstellungen und die rohen Begriffe unserer Vorfahren, der nordischen Jäger, fort.

---

1. Das Militärgefängnis setzt in der öffentlichen Meinung nur einen Verstoß gegen die Disziplin voraus; das bürgerliche Gefängnis setzt ein Verbrechen gegen die Polizei [s. »Vorbemerkung« S. 135] voraus und diese geht die öffentliche Ruhe und Ordnung näher an. Deshalb verbindet man hiermit eher die Vorstellung von etwas Entehrendem. (Diderot.)[KE]

INDIZIEN UND GERICHTSVERFASSUNG

Es gibt eine allgemeine Regel, die zur Berechnung der Gewißheit einer Tatsache, z. B. der Erheblichkeit der Indizien für ein Verbrechen, sehr nützlich ist. Wenn die Beweise für eine Tat voneinander abhängen, d. h. wenn sich die Indizien nur gegenseitig beweisen, dann ist, je größer die Reihe der angeführten Beweise ist, die Wahrscheinlichkeit der Tatsache desto geringer, weil in allen möglichen Fällen, in denen die vorausgehenden Beweisgründe unerheblich sein würden, es auch die nachfolgenden sind. Wenn die Beweise sämtlich gleichmäßig von einem einzigen abhängig sind, dann wird durch die Zahl der Beweise die Wahrscheinlichkeit der Tatsache weder vermehrt noch vermindert, weil ihre ganze Beweiskraft in der des einen Beweises aufgeht, von dem sie abhängen. Wenn die Beweise voneinander unabhängig sind, d. h. wenn sich die Indizien anders als gegenseitig durch sich selbst beweisen lassen, dann nimmt die Wahrscheinlichkeit der Tatsache mit der Zahl der vorgebrachten Beweise zu, weil das Fehlschlagen des einen keinen Einfluß auf die anderen hat.

Ich spreche von Wahrscheinlichkeit in Bezug auf die Verbrechen, die doch, um Strafe zu verdienen, als gewiß erwiesen sein müssen, aber dies wird dem nicht mehr paradox erscheinen, der erwägt, daß, streng genommen, die moralische Gewißheit nur eine Wahrscheinlichkeit ist, aber eine Wahrscheinlichkeit, die man Gewißheit nennt, weil jeder vernünftige Mensch infolge einer Gewohnheit, die aus dem Drange, zu handeln, entsteht und jeder Spekulation vorausgeht, sie als solche anerkennt. Die Gewißheit, die erforderlich ist, um einen Menschen für schuldig zu erkennen, ist also die, welche jeden Menschen bei den wichtigsten Handlungen seines Lebens bestimmt.

Die Beweise für ein Verbrechen zerfallen in vollkommene und unvollkommene. Vollkommen heiße ich solche, die die Möglichkeit der Unschuld des Beschuldigten ausschließen, unvollkommene die, welche sie nicht ausschließen. Von den ersteren genügt ein einziger zur Verurteilung; von den letzteren ist die zur Bildung eines vollkommenen hinreichende Anzahl erforderlich, das will sagen, daß, wenn zwar jeder einzelne für sich allein genommen die Möglichkeit der Unschuld des Beschuldigten bestehen läßt, doch aus der Vereinigung aller in demselben Gegenstand die Unmöglichkeit seiner Unschuld dargetan wird. Hierzu ist jedoch zu bemerken, daß die unvollkommenen Beweise, gegen die sich der Beschuldigte rechtfertigen kann, zu vollkommenen werden, wenn er dies nicht gehörig tut. Aber diese moralische Gewißheit der Beweise ist leichter zu fühlen als genau zu umschreiben. Darum halte ich jenes Gesetz für das beste, das dem Hauptrichter Beisitzer zur Seite stellt, die durch das Los und nicht durch die Wahl bestimmt werden, weil in diesem Falle die Unwissenheit weit sicherer nach dem Gefühl als die Wissenschaft nach Lehrmeinungen urteilt. Wo die Gesetze klar und bestimmt sind, besteht die Aufgabe des Richters einzig und allein in der Feststellung einer Tatsache. Erfordert das Aufsuchen der Beweise eines Verbrechens Geschicklichkeit und Gewandtheit, bedarf es zur Darstellung ihres Ergebnisses Klarheit und Genauigkeit, so gehört, um auf Grund dieses Ergebnisses selber das Urteil fällen zu können, nur der einfache und gewöhnliche gesunde Menschenverstand, der seltener irre geht als das Wissen eines Richters, der daran gewöhnt ist, Schuldige finden zu wollen und alles unter ein künstliches durch seine Studien gewonnenes System zu bringen. Glücklich die Nation, bei der die Gesetze nicht Gegenstand einer Wissenschaft sind [1]! Das brauchbarste Gesetz ist dieses, daß jeder von seinen Standesgenossen gerichtet werde, weil da, wo es sich um die Freiheit und das Wohl eines Bürgers handelt, die Gefühle, die die Ungleichheit hervorruft, verstummen müssen. Die Überlegenheit, mit der der Glückliche auf den Unglücklichen herabblickt, und die Erbitterung, mit der der Niedrigstehende den Höherstehenden betrachtet, können nicht bei diesem Urteil mitsprechen. Wenn aber das Verbrechen die Verletzung eines Dritten darstellt, dann sollen die Richter zur einen Hälfte Standesgenossen des Angeklagten, und zur anderen Hälfte Standesgenossen des Verletzten sein; auf diese Weise wird jedes Privatinteresse, das ganz unwillkürlich den Dingen einen anderen Anschein gibt, ausgeglichen, so daß nur die Gesetze und die Wahrheit zu Worte kommen. Es ist ferner eine Forderung der Gerechtigkeit, daß der Angeklagte innerhalb bestimmter Grenzen berechtigt ist, diejenigen abzulehnen, die ihm verdächtig sind. Wird ihm diese Befugnis widerspruchslos eine Zeitlang gewährt, so gewinnt es fast den Anschein, als ob seine spätere Verurteilung von ihm selbst ausgehe.

Öffentlich sollen die Gerichtsverhandlungen und öffentlich die Beweiserhebungen sein, damit die öffentliche Meinung, die vielleicht das einzige Bindemittel der Gesellschaft ist, der Gewalt und den Leidenschaften einen Zügel anlege, damit das Volk sagen könne: »Wir sind keine Sklaven, wir sind nicht ohne Schutz!« — ein Bewußtsein, das Mut einflößt, und einem Fürsten, der sein eigenes Interesse versteht, mehr gilt als ein dargebrachter Tribut.

Ich kann mich nicht darauf einlassen, weitere Einzelheiten und Vorsichtsmaßregeln zu erörtern, die bei ähnlichen Einrichtungen erforderlich sind. Nichts würde ich gesagt haben, wenn es nötig wäre, alles zu sagen.

---

1. Freier übersetzt: wo Gesetzeskenntnis keine Wissenschaft ist. [KE]

VON DEN ZEUGEN

Ein wichtiger Punkt in jeder guten Gesetzgebung ist es, genau die Glaubwürdigkeit der Zeugen, sowie die Beweise für die Schuld zu bestimmen. Jeder vernünftige Mensch, d. h. jeder, dessen Ideen untereinander in einem gewissen Zusammenhang stehen und dessen Empfindungen mit denen der anderen Menschen übereinstimmen, kann Zeuge sein. Der wahre Maßstab seiner Glaubwürdigkeit ist lediglich das Interesse, das er daran hat, die Wahrheit zu sagen oder zu verschweigen; hieraus ergibt sich, daß es ein nichtiger Grund ist, wenn man das Zeugnis der Frauen wegen ihrer Schwäche verwirft. Albern ist es, bei den Verurteilten die Wirkungen des wirklichen Todes auf den bürgerlichen Tod zu übertragen, und ungereimt, das Zeugnis für ehrlos Erklärter wegen ihrer Ehrlosigkeit zurückzuweisen, auch wenn sie kein Interesse daran haben zu lügen.

Unter anderen Mißbräuchen der Theorie, die keinen geringen Einfluß auf die menschlichen Angelegenheiten hatten, ist derjenige bemerkenswert, der die Aussagen eines bereits Verurteilten für null und nichtig erklärt. Er ist bürgerlich tot, sagen mit ernster Miene die spitzfindigen Rechtsgelehrten, und ein Toter ist nicht handlungsfähig. Der Aufrechterhaltung dieser leeren Metapher sind viele Opfer gebracht worden, und gar oft hat man sich allen Ernstes darüber gestritten, ob die Wahrheit hinter den juristischen Formen zurückzustehen habe. Vorausgesetzt, daß die Aussagen eines Verurteilten nicht darauf hinauslaufen, den Gang der Gerechtigkeit zu hemmen, weshalb sollte man nicht auch nach der Urteilsfällung sowohl dem äußersten Elend des Verurteilten [?] als auch dem Interesse der Wahrheit einen angemessenen Spielraum gewähren, so daß er bei Anführung seither unbekannter, die Beurteilung der Tat verändernder Umstände sich oder andere in einem neuen Verfahren rechtfertigen könne?

Die Förmlichkeiten und Zeremonien sind zwar bei der Handhabung der Gerechtigkeit notwendig, teils weil sie nichts der Willkür der Gerichtsbeamten überlassen, teils weil sie in dem Volke die Vorstellung von einem Gerichtsverfahren, das nicht überstürzt und parteiisch, sondern streng und wohl geordnet ist, hervorrufen; teils auch, weil auf die Menschen, die nachahmungssüchtig und Sklaven der Gewohnheit sind, das sinnlich Wahrnehmbare einen nachhaltigeren Eindruck macht als Vernunftschlüsse. Aber sie können niemals ohne schwere Gefahr so starr von dem Gesetz festgesetzt werden, daß sie der Wahrheit schaden, die, weil sie entweder zu einfach oder zu verwickelt ist, eines gewissen äußeren Gepränges bedarf, um das unwissende Volk für sich zu gewinnen.

Die Glaubwürdigkeit eines Zeugen nimmt also in

dem Maße ab, wie Haß, Freundschaft oder sonstige engere Beziehungen zwischen ihm und dem Angeklagten bestehen. Mehr als ein Zeuge ist erforderlich, weil, solange der eine etwas behauptet und der andere es verneint, keine Gewißheit vorhanden ist, und jeder beanspruchen kann, bis zum Beweis des Gegenteils für unschuldig gehalten zu werden [1].

Die Glaubwürdigkeit eines Zeugen nimmt merklich ab, je größer die Unmenschlichkeit eines Verbrechens [2] oder die Unwahrscheinlichkeit der Umstände wird. Hierhin gehören z. B. die Zauberei und die zwecklos begangenen grausamen Handlungen. Es ist bei einer Anklage wegen ersterer wahrscheinlicher, daß mehrere Menschen lügen, weil es leichter ist, daß bei mehreren Menschen der Wahn der Unwissenheit oder der Verfolgungshaß zusammentreffen, als daß ein Mensch eine Macht ausübt, die Gott entweder nie verliehen oder jedem Geschöpf entzogen hat. Ebenso liegt es bei der zweiten Anklage, weil der Mensch nur in dem Maße grausam ist, als ihn sein eigenes Interesse, Haß oder Furcht, die sich seiner bemächtigt haben, dazu antreiben. Es gibt eigentlich kein überflüssiges Gefühl im Menschen, es entspricht stets dem Ergebnis der gewonnenen Sinneseindrücke.

Ebenso kann sich die Glaubwürdigkeit eines Zeugen manchmal vermindern, wenn er Mitglied irgend einer Privatgesellschaft ist, deren Gebräuche und Grundsätze entweder nicht genau bekannt oder von den allgemein geltenden verschieden sind. Ein solcher Mensch hat nicht nur seine eigenen, sondern auch die Leidenschaften anderer [3].

Endlich ist die Glaubwürdigkeit eines Zeugen fast gleich null, wenn es sich um ein durch Worte begangenes Verbrechen handelt, da der Ton, die Gebärden, kurz alles, was den verschiedenen Vorstellungen, die die Menschen mit den nämlichen Worten verbinden, vorangeht oder nachfolgt, die Aussprüche eines Menschen derartig verändern und modifizieren, daß es fast unmöglich ist, sie genau so, wie sie getan wurden, wiederzugeben. Weit mehr hinterlassen gewaltsame und außergewöhnliche Taten, wie es die wirklichen Verbrechen sind, Spuren von sich in der Menge der Umstände und in den Folgen, die daraus entstehen. Je zahlreichere Umstände zu ihrem Beweis angeführt werden, desto mehr Mittel sind dem Beschuldigten zu seiner Rechtfertigung geboten. Die Worte aber bewahrt nur das meist untreue und häufig irregeführte Gedächtnis der Hörer. Es ist daher bei weitem leichter, eine Verleumdung auf den Worten als auf den Handlungen eines Menschen aufzubauen.

---

1. Die Gesetze, die einen Menschen auf die Aussage eines einzigen Zeugen hin untergehen lassen, sind für die Freiheit verhängnisvoll. Die Vernunft verlangt ihrer zwei, weil ein Zeuge, der bejaht, und ein Angeklagter, der leugnet, sich die Wage halten, und ein dritter den Ausschlag geben muß. Montesquieu, »Esprit des lois« XII, 3. [KE]
2. Bei den Kriminalisten wird die Glaubwürdigkeit eines Zeugen um so größer, je unmenschlicher das Verbrechen ist. Dies ist der eiserne Grundsatz, den nur die grausamste Dummheit hat aufstellen können: In atrocissimis leviores coniecturae sufficiunt, et licet iudici iura transgredi. — Übersetzen wir dies, und die Europäer werden einen der zahlreichen gleich unvernünftigen Aussprüche kennenlernen, denen sie, ohne es zu wissen, unterworfen sind. Bei den unmenschlichsten Verbrechen, d. h. bei den unwahrscheinlichsten, genügen die leisesten Verdachtsgründe, und es ist dem Richter gestattet, über das Recht hinauszugehen. Solche in der Praxis der Gesetzgebung vorkommenden Ungereimtheiten sind oft durch die Furcht hervorgerufen, die die Hauptquelle der menschlichen Widersprüche ist. Die Gesetzgeber (denn dies sind jene Rechtsgelehrten, die vom Zufall [

dalla sorte; andere Lesart: dalla morte.] dazu ermächtigt wurden, über alles zu entscheiden, und aus parteiischen und käuflichen Schriftstellern Schiedsrichter und Gesetzgeber über das Los der Menschen zu werden), eingeschüchtert durch die Verurteilung mancher Unschuldiger, überluden die Rechtspflege mit übertriebenen Förmlichkeiten und Ausnahmen, deren genaue Beobachtung die Anarchie ungestört auf dem Throne der Gerechtigkeit Platz nehmen ließ; eingeschüchtert durch einige unmenschliche und schwer zu beweisende Verbrechen, hielten sie es dagegen für ein Gebot der Not, die von ihnen selbst festgesetzten Förmlichkeiten zu überschreiten, und verwandelten so, bald aus herrschsüchtiger Ungeduld, bald aus weibischer Ängstlichkeit, das ernste Gerichtsverfahren in eine Art Spiel, bei dem Zufall und Unredlichkeit die Haupt rolle spielen. (Anmerkung Beccarias.) [KE]

3. Hier liefert der Verbrecherstaat Deutschland (in dem die Verbrecher »gut und gerne leben« wie Merkel feststellte) im März 2018 ein Beispiel, wie wichtig Zeugenaussagen sind. In Großburgwedel sticht ein Zugelaufener aus dem mohammedanischen »Kultur«kreis eine junge Frau (Vivien K.) in den Unterkörper. Die Milz ist zerstört, die Bauchspeicheldrüse beschädigt, sie liegt tagelang im Koma. Der Tatverdächtige (zum Verbrecher darf ihn nur die völlig unabhängige Justiz ernennen) schweigt. Nun kommt ein Zeuge daher und die Tat erscheint in einem völlig anderem Licht: Der Freund des Opfers soll einen aus der Meute »am Ohr gezupft« haben. Die Messer—Fachkraft ist also provoziert worden! Die Anklage lautet nicht mehr Mordversuch, sondern Körperverletzung. Selbst schuld. Es zeichnen sich auch mildernde Umstände ab — das syrische Stück Scheiße hat nur ein Mal zugestochen (wobei mehrere Rippen brachen) und ist dann geflohen. Hat also, da ihn schon in diesem Moment tätige Reue ergriff, von seiner Tat abgelassen. Das ist doch nachgerade vorbildlich!

GEHEIME ANKLAGEN

Ein offenbares Übel, das aber durch das Herkommen geheiligt und bei vielen Völkern infolge der Schwäche der Verfassung notwendig geworden ist, sind die geheimen Anklagen [anonyme Anzeigen]. Eine solche Sitte macht die Menschen falsch und verschlossen. Wer argwöhnen kann, daß er in seinem Nachbar einen Angeber erblicke, sieht in ihm einen Feind. Die Menschen gewöhnen sich dann daran, ihre eigenen Gefühle zu verstellen und mit der Gewohnheit, sie anderen zu verbergen, gelangen sie schließlich dahin, sie vor sich selbst zu verbergen. Unglückliche Menschen, mit denen es dahin gekommen ist [1]! Ohne klare und feststehende Grundsätze treiben sie immer verirrt und schwankend auf dem weiten Meer der Meinungen; immer damit beschäftigt, sich vor den Ungeheuern zu retten, die sie bedrohen, wird ihnen fort und fort die Gegenwart durch die Unsicherheit der Zukunft verbittert. Der dauernden Freuden, die Ruhe und Sicherheit gewähren, beraubt, trösten sie kaum einige hier und da in ihr trauriges Leben eingestreute, in wirrer Hast verschlungene Freuden dafür, daß sie gelebt haben. Und aus solchen Menschen sollten wir die unerschrockenen Kämpfer, die Thron und Vaterland zu verteidigen haben, nehmen? Unter diesen sollten wir die unbestechlichen Beamten finden, die mit freier und vaterlandsliebender Beredsamkeit die wahren Interessen des Souveräns vertreten und darlegen, die dem Throne mit den Abgaben die Liebe und die Segenswünsche aller Volksklassen darbringen und von dort aus den Palästen und Hütten den Frieden, die Sicherheit und die tatkräftige Hoffnung auf eine bessere Zukunft, diesen nützlichen Gärstoff, diesen Lebensnerv der Staaten, bringen?

Wer kann sich gegen die Verleumdung verteidigen, wenn sie mit dem stärksten Schilde der Tyrannei, dem Geheimnis, bewaffnet ist? Was ist das für eine Art Regierung, wo der Regent in jedem seiner Untertanen einen Feind wittert, und gezwungen ist, zur Erhaltung der öffentlichen Ruhe jedem einzelnen die seine zu rauben?

Mit welchen Gründen will man die geheimen Anklagen und Strafen rechtfertigen? Mit dem öffentlichen Wohle, der Sicherheit und der Aufrechterhaltung der Regierungsform? Aber das wäre eine sonderbare Verfassung, wo der, welcher die Macht und die noch wirksamere öffentliche Meinung für sich hat, jeden Bürger fürchtet! Mit der Sicherheit des Anklägers? Also verteidigen ihn die Gesetze nicht genug, und es gibt Untertanen, die mächtiger sind als der Herrscher [2]! Mit der Verachtung, die den Angeber trifft? Also gestattet man die geheime Verleumdung [3] und bestraft die öffentliche! Mit der Natur des Verbrechens? Wenn gleichgültige oder gar der Gesamtheit nützliche Handlungen zu Verbrechen gestempelt werden, dann sind die geheimen Anklagen und Urteile niemals geheim genug. Ist ein Verbrechen, d. h. eine Verletzung der Gesamtheit, denkbar, ohne daß die Öffentlichkeit des Beispiels, d. h. der Verurteilung, im Interesse aller läge?

Ich achte jede Regierung und spreche von keiner im besonderen. Die Natur der Dinge gestaltet sich bisweilen so, daß man in der Beseitigung eines Übelstandes, wenn er mit der Staatsverfassung innerlich verwachsen ist, den völligen Zusammenbruch des Staates erblicken kann. Hätte ich aber in einem verlassenen Winkel der Erde neue Gesetze zu geben, so würde mir die Hand zittern, ehe ich eine solche Sitte gut heißen könnte, da ich an das Urteil der ganzen Nachwelt denken würde.

Es ist schon von Montesquieu ausgesprochen worden [4], daß die öffentlichen Anklagen der Republik, wo das Wohl der Gesamtheit die erste Leidenschaft der Bürger ausmachen sollte, angemessener sind, als der Monarchie, wo dieses Gefühl infolge der Regierungsform naturgemäß sehr schwach ist, und wo die beste Einrichtung in der Ernennung von Beamten besteht, die im Namen des Staates die Übertreter der Gesetze anklagen. Aber jede Regierung, gleichviel ob republikanisch oder monarchisch, muß über den Verleumder dieselbe Strafe verhängen, die den Beschuldigten getroffen hätte.

---

1. Erkläre einmal als Beamter im Rahmen der Meinungsfreiheit deine Sympathie für eine rechte demokratische Partei (AfD)! War nur Spaß, tu es lieber nicht.
2. Beispielsweise die Bewohner der No—Go—Areas.

3. Anonyme Verleumdungen, wenn sie nur Schlüsselwörter wie »Fremdenfeindlichkeit«, »Diskriminierung« u. a. enthalten, haben gegenwärtig Konjunktur und eine große Zukunft vor sich.
4. »Esprit des lois« VI, 8. [KE]

VERFÄNGLICHE FRAGEN. AUSSAGEN

Unsere Gesetze verbieten die Stellung suggestiver Fragen im Prozesse, d. h. — wie die Rechtslehrer sagen — solche, die anstatt auf die Umstände des Verbrechens im allgemeinen, auf einzelne besondere gerichtet sind, also solche Fragen, die, in unmittelbarem Zusammenhang mit dem Verbrechen stehend, dem Angeklagten unmittelbar die Antwort suggerieren. Die Fragen müssen nach den Strafrechtslehrern die Tat sozusagen spiralförmig umzingeln, dürfen aber niemals in gerader Richtung auf sie losgehen. Die Gründe dieses Vorgehens sind entweder, daß man dem Angeklagten nicht eine Antwort suggerieren will, aus der er den Gegenstand der Anklage entnehmen könnte, oder vielleicht, daß es widernatürlich erscheint, wenn ein Angeklagter sich selbst unmittelbar beschuldigt. Welcher dieser beiden Gründe auch zutreffen mag, bemerkenswert ist der Widerspruch der Gesetze, die gleichzeitig mit dieser Gewohnheit die Folter zulassen; denn welche Frage wäre suggestiver als der Schmerz? Der erste Grund wird sich an der Folter bewähren, weil der Schmerz dem Starken ein hartnäckiges Schweigen suggerieren wird, da er hierdurch eine größere Strafe mit einer geringeren vertauscht, dem Schwachen hingegen wird sie ein Geständnis suggerieren, da er sich hierdurch von der gegenwärtigen Qual befreien wird, die ihm für den Augenblick weit empfindlicher ist, als der künftige Schmerz. Der zweite Grund ist offensichtlich derselben Art; denn wenn schon eine Spezialfrage den Angeklagten zu einem dem Naturrecht zuwiderlaufenden Geständnis veranlaßt, so werden dies die Folterqualen noch viel leichter zu Wege bringen, aber die Menschen sehen mehr auf die Verschiedenheit der Namen als die der Sache.

Endlich verdient derjenige, der beim Verhör die Antwort auf die ihm gestellten Fragen hartnäckig verweigert [1], die von den Gesetzen festgesetzte Strafe, und zwar muß diese Strafe zu den härtesten gehören, die sie überhaupt verhängen [dürfen], damit sich die Menschen nicht auf diese Weise der Notwendigkeit entziehen, dem Volke ein Beispiel zu geben, das sie ihm schuldig sind. Unnötig ist diese Strafe, wenn es außer Zweifel ist, daß ein Angeklagter das ihm zur Last gelegte Verbrechen begangen hat, gerade so wie das Verhör ebensowenig erforderlich ist wie das Geständnis des Verbrechens, wenn die Schuld des Angeklagten anderweitig bewiesen wird. Dieser letzte Fall ist der gewöhnliche, weil die Erfahrung lehrt, daß in den meisten Prozessen die Angeklagten leugnen.

---

1. Es ist in Deutschland usus geworden, daß die mohammedanischen Verbrecher grundsätzlich vor Gericht schweigen. Der sogenannte Rechtsstaat tolerirt das.

VON DEN EIDEN

Ein Widerspruch zwischen den Gesetzen und den natürlichen Gefühlen des Menschen entsteht aus den Eiden, die von dem Angeklagten verlangen, daß er da die Wahrheit sage, wo er das größte Interesse an der Unwahrheit hat; als ob der Mensch wahrhaftig schwören könnte, um zu seinem eigenen Verderben beizutragen, als ob nicht die Stimme der Religion bei den meisten Menschen gegenüber der des Interesses verstummte! Die Erfahrung aller Zeiten hat gezeigt, daß die Menschen nichts mehr mißbraucht haben, als jene köstliche Himmelsgabe. Und deswegen sollten Verbrecher sie achten, während sie doch als sehr rechtlich angesehene Männer so oft verletzt haben [1]? Zu schwach, weil den Sinnen zu sehr entrückt, sind für die meisten die Beweggründe, die die Religion der Aufregung, der Furcht und der Liebe zum Leben entgegenstellt. Die himmlischen Dinge werden nach ganz anderen Gesetzen geleitet als die irdischen Angelegenheiten, weshalb also die einen durch die anderen gefährden?

Weshalb den Menschen in den schrecklichen Widerspruch versetzen, entweder sich an Gott zu versündigen oder sein eigenes Verderben herbeizuführen? Das Gesetz, welches einen solchen Eid verlangt, befiehlt, entweder ein schlechter Christ oder ein Märtyrer zu sein.

Der Eid wird nach und nach eine bloße Formsache und zerstört auf diese Weise die religiösen Gefühle, die bei den meisten Menschen das einzige Pfand ihrer Rechtschaffenheit sind. Wie nutzlos diese Eide sind, hat die Erfahrung gezeigt; denn jeder Richter wird mir bezeugen können, daß noch niemals ein Eid einen Angeklagten dazu veranlaßt hat, die Wahrheit zu sagen; es zeigt dies auch die Vernunft, die alle Gesetze für unnütz und daher für schädlich erklärt, die den natürlichen Gefühlen des Menschen widerstreben. Es geht ihnen ebenso wie den Dämmen, die sich der Strömung eines Flusses in gerader Richtung entgegensetzen; sie werden entweder sofort niedergerissen und überflutet, oder von einem durch sie selbst gebildeten Wirbel unmerklich benagt und untergraben.

---

1. Wenn man einen konkreten Eidbruch, nämlich den der Deutschen Bundeskanzlerin (» ... Schaden vom Deutschen Volk abzuwenden ... «) einmal näher betrachtet, so erkennt man: Die Eidbrüchigen erscheinen nur als »rechtlich angesehen«, sind es aber nicht. Merkel ist eine (mutmaßliche) Verbrecherin im Schafspelz.

VON DER FOLTER

Eine durch den Gebrauch bei den meisten Völkern geheiligte Grausamkeit ist die Folterung des Angeklagten während des Prozesses, sei es, um ihn zum Geständnis seines Verbrechens zu zwingen oder der Widersprüche wegen, in die er sich verwickelte, sei es zur Entdeckung von Mitschuldigen oder zum Zweck, Gott weiß welcher, metaphysischen oder unbegreiflichen Reinigung von der Ehrlosigkeit, sei es schließlich um anderer Verbrechen willen, deren er schuldig sein könnte, ohne ihretwegen angeklagt zu sein.

Ein Mensch kann nicht vor dem Urteilsspruch des Richters als schuldig bezeichnet werden, und die Gesellschaft kann ihm erst dann den öffentlichen Schutz entziehen, wenn entschieden ist, daß er die Verträge verletzt hat, kraft deren ihm dieser Schutz zugesagt worden ist. Denn welches andere Recht als das der Gewalt gibt dem Richter die Macht, über einen Bürger eine Strafe zu verhängen, solange es noch zweifelhaft ist, ob er schuldig oder unschuldig ist. Nicht neu ist das Dilemma: entweder ist das Verbrechen gewiß oder ungewiß. Ist es gewiß, dann gebührt dem Täter lediglich die von den Gesetzen bestimmte Strafe, und nutzlos sind daher die Martern, weil das Geständnis des Angeklagten unnötig ist. Ist es aber ungewiß, dann darf nicht ein Unschuldiger gemartert werden, weil nach den Gesetzen jeder Mensch für unschuldig anzusehen ist, dessen Verbrechen nicht erwiesen sind.

Welches ist der politische Zweck der Strafen? Die Abschreckung der übrigen Menschen. Aber welches Urteil sollen wir über die geheimen und verborgenen Grausamkeiten fällen, die von der Tyrannei des Herkommens an Schuldigen und Unschuldigen verübt werden? Es ist wichtig, daß kein bekannt gewordenes Verbrechen unbestraft bleibt, aber es nützt nichts, wenn man den Urheber eines Verbrechens entdeckt, das im tiefsten Dunkel begraben gelegen hat [1]. Ein schon geschehenes, nicht wieder gut zu machendes Übel kann von der politischen Gesellschaft nur insoweit bestraft werden als es die anderen mit der Hoffnung auf Straflosigkeit erfüllt. Wenn es wahr ist, daß die Zahl der Menschen, die, sei es aus Furcht, sei es aus Tugend, die Gesetze beobachten [beachten, einhalten], größer ist als die Zahl derer, die sie übertreten [2], dann muß die Gefahr, einen Unschuldigen zu martern um so höher angeschlagen werden, als unter sonst gleichen Umständen eine größere Wahrscheinlichkeit dafür besteht, daß ein Mensch die Gesetze beachtet als sie übertreten hat.

Aber ich behaupte weiter, daß es die menschlichen Verhältnisse verwirren heißt, wenn man verlangt, daß ein Mensch gleichzeitig Ankläger und Angeklagter sei, und daß der Schmerz der Prüfstein der Wahrheit werde, als ob ihr Merkmal in den Muskeln und der

Körperbeschaffenheit eines Unglücklichen zu suchen wäre. Das Gesetz, das die Folter anordnet ist ein Gesetz, welches sagt: »Menschen, widersteht dem Schmerz, und wenn die Natur euch eine unauslöschliche Eigenliebe eingepflanzt und euch das unveräußerliche Recht der Selbstverteidigung gegeben hat, so rufe ich in euch ein ganz entgegengesetztes Gefühl wach, nämlich einen heldenmütigen Haß gegen euch selbst, und befehle euch, euch selbst anzuklagen und selbst dann die Wahrheit zu sagen, wenn euch die Muskeln zerrissen und die Gebeine verrenkt werden«.

Dieser berüchtigte Prüfstein der Wahrheit ist ein noch bestehendes Denkmal der alten, grausamen Gesetzgebung einer Zeit, in der die Feuer— und Wasserprobe sowie der ungewisse Ausgang eines Zweikampfs Gottesurteile genannt wurden, als ob die Ringe der ewigen Kette, die aus dem Schoße der ersten Ursache hervorging, in jedem Augenblick um der armseligen menschlichen Einrichtungen willen in Unordnung gebracht und auseinandergerissen werden dürften. Der ganze Unterschied zwischen der Folter und der Feuer— und Wasserprobe besteht darin, daß der Ausgang der ersteren von dem Willen des Angeklagten, der der beiden letzteren aber von einer rein physischen und äußerlichen Tatsache abzuhängen scheint. Dieser Unterschied ist aber nur ein scheinbarer, kein wirklicher. Es steht ebensowenig in dem freien Willen des Angeklagten, unter Qual und Pein die Wahrheit zu sagen, wie er ehedem ohne Betrug imstande war, die Wirkungen des Feuers oder des siedenden Wassers unschädlich zu machen. Jeder unserer Willensakte steht immer im Verhältnis zu der Stärke des sinnlichen Eindrucks, aus dem er entspringt, und die Empfindlichkeit jedes Menschen hat ihre Grenzen. Der Eindruck des Schmerzes kann also bis zu einem solchen Grade anwachsen, daß er die ganze Willenskraft lähmt und dem Gefolterten keine andere Wahl läßt, als den für den Augenblick kürzesten Weg zur Befreiung von der Qual einzuschlagen. Dann ist die Antwort des Angeklagten ebenso naturnotwendig wie die Einwirkungen des Feuers oder des Wassers. Der für den Schmerz empfindliche Unschuldige wird sich dann als schuldig bekennen, wenn er hierdurch das Ende seiner Martern herbeiführen zu können glaubt. Jeder Unterschied zwischen dem Schuldigen und Unschuldigen verschwindet gerade durch das Mittel, das man zu seiner Auffindung angewendet zu haben behauptet.

Dies ist das sichere Mittel, kräftige Verbrecher freizusprechen und schwächliche Unschuldige zu verurteilen. Das sind die verhängnisvollen Übelstände dieses angeblichen Erkennungsmittels der Wahrheit. Dieses eines Kannibalen würdige Erkennungsmittel wandten die Römer, die selbst in mehr als einer Hinsicht Barbaren waren, nur gegenüber den Sklaven, den Opfern einer wilden und nur allzusehr gepriesenen Tugend an. Von zwei gleich unschuldigen oder gleich schuldigen Menschen wird der starke und mutige freigesprochen, der schwache und furchtsame aber verurteilt werden kraft folgenden zutreffenden Vernunftschlusses: »Ich, Richter, sollte euch eines Verbrechens schuldig finden; du, Starker, hast dem Schmerz zu trotzen verstanden, deshalb spreche ich dich frei; du, Schwacher, bist ihm unterlegen, deshalb verurteile ich dich. Ich fühle es wohl, daß ein durch Martern entrissenes Geständnis keine Beweiskraft hat; aber ich werde dich von neuem foltern, wenn du nicht das, was du gestanden hast, bestätigst.«

Der Ausgang der Folterung ist demnach eine Sache des Temperaments und der Berechnung, die sich bei jedem Menschen je nach seiner Stärke und Empfindlichkeit für Schmerz derartig verschieden gestaltet, daß auf folgende Art ein Mathematiker diese Aufgabe besser lösen würde als ein Richter. »Gegeben ist die Muskelkraft und die Empfindlichkeit der Nerven eines Menschen, gesucht wird der Grad des Schmerzes, der ihn zum Geständnis eines gegebenen Verbrechens bringen wird.«

Die Vernehmung eines Angeklagten ist zur Erforschung der Wahrheit bestimmt. Wenn aber diese Wahrheit schon schwer aus dem Aussehen, der Gebärde, dem Gesichtsausdruck eines ruhigen Menschen entdeckt werden kann, wie viel schwieriger wird es sein, sie bei einem Menschen zu entdecken, in welchem die Zuckungen des Schmerzes alle Merkmale verändern, durch die manchmal im Antlitz der Menschen wider ihren Willen die Wahrheit durchblickt. Jede gewaltsame Handlung verwischt und entfernt die geringfügigen Unterschiede der Gegenstände, vermittels deren man bisweilen das Wahre von dem Falschen unterscheidet.

Eine sonderbare Folge, die sich notwendigerweise aus der Anwendung der Folter ergibt, ist die, daß der Unschuldige schlechter gestellt ist als der Schuldige. Denn werden beide der Folter unterworfen, so sind alle möglichen Fälle für den ersteren mißlich: Denn entweder gesteht er das Verbrechen ein und wird verurteilt, oder er wird für unschuldig erklärt und hat dann eine unverdiente Strafe erlitten. Für den Schuldigen kann aber unter den möglichen Fällen ein günstiger eintreten; widersteht er nämlich der Folter mit Festigkeit, dann muß er als unschuldig freigesprochen werden, und hat dann eine größere Strafe gegen eine geringere vertauscht. Der Unschuldige kann demnach nur verlieren, während der Schuldige auch gewinnen kann.

Diese Wahrheit wird schließlich auch von denen — wenn auch nur unklar — herausgefühlt, die sich von ihr entfernen. Das während der Folter abgelegte Geständnis ist ungültig, wenn es nicht nach deren Beendigung eidlich bekräftigt wird. Bestätigt es aber der Angeklagte nicht, daß er das Verbrechen begangen habe, so wird er von neuem gefoltert. Einige Rechtsgelehrten und einige Nationen lassen nur eine dreimalige Wiederholung dieser schändlichen Scheinbegründung zu, andere Nationen und andere Rechtsgelehrten stellen sie dem Ermessen des Richters anheim.

Es ist überflüssig, die Sache noch näher durch die Anführung der zahllosen Beispiele Unschuldiger zu beleuchten, die sich infolge der Qualen der Folter schuldig bekannten. Es gibt kein Volk, kein Zeitalter, das nicht seine eigenen Beispiele anführen könnte; aber die Menschen ändern sich weder, noch ziehen sie Schlüsse. Jeder Mensch, dessen Ideenkreis sich über die alltäglichen Lebensbedürfnisse erhebt, fühlt sich bisweilen zur Natur hingezogen, die ihn mit geheimnisvollen und undeutlichen Stimmen zu sich ruft, aber die Gewohnheit, diese Geistestyrannin, treibt ihn wieder zurück und schüchtert ihn ein.

Der zweite Grund, weshalb die Folter bei angeblich Schuldigen angewendet wird, liegt vor, wenn diese sich bei ihrem Verhör in Widersprüche verwickeln. Als ob nicht die Furcht vor Strafe, die Ungewißheit des Urteils, die Förmlichkeiten des Verfahrens, die Erhabenheit des Gerichtshofs [3], sowie die Unwissenheit, die sich in gleicher Weise bei fast allen Verbrechern und Unschuldigen vorfindet, offenbar ebenso den Unschuldigen, der in Angst schwebt, wie auch den Schuldigen, der sich reinzuwaschen sucht, in Widersprüche verwickeln müßte; als ob diese Widersprüche, die schon häufig bei den Menschen vorkommen, wenn sie ruhig sind, sich nicht vervielfältigen müßten, wenn ihr Geist, ganz von dem Gedanken an die Errettung aus der bevorstehenden Gefahr eingenommen, aufs äußerste erschüttert ist?

Die Folter wird ferner angewendet, um zu entdecken, ob der Angeklagte sich noch andere Verbrechen als die, deren er angeklagt ist, hat zu schulden kommen lassen, was etwa folgendem Schlusse gleichkommt: »Du bist eines Verbrechens schuldig, also ist es möglich, daß du noch hundert andere begangen hast. Die Ungewißheit lastet auf mir, deshalb will ich mir mit meinem Prüfstein der Wahrheit Gewißheit verschaffen. Die Gesetze lassen dich foltern, weil du schuldig bist, weil du schuldig sein kannst, weil ich will, daß du schuldig seiest.«

Der Angeklagte wird auf die Folter gespannt, um zu entdecken, ob er noch Mitschuldige hat [4]. Wenn aber nachgewiesen worden ist, daß die Folter kein zur Entdeckung der Wahrheit geeignetes Mittel ist, wie kann sie dazu dienlich sein, die Mitschuldigen ausfindig zu machen, da diese Ermittelung ja einen Teil der Wahrheit ausmacht, die man zu entdecken sucht? Sollte ein Mensch, der sich selbst anklagt, nicht noch weit leichter andere anklagen? Ist es gerecht, die Menschen wegen der Verbrechen anderer zu foltern? Kann man die Mitschuldigen nicht durch die Zeugenaussagen, durch das Verhör des Angeklagten, durch Beweisstücke und durch den ganzen Tatbestand des Verbrechens, kurz durch ganz dieselben Mittel ausfindig machen, die zur Feststellung des Verbrechens des Angeklagten dienen? Die Mitschuldigen fliehen meistens nach der Gefangennahme ihres Genossen. Die Ungewißheit ihres Schicksals verurteilt sie schon von selbst zur Verbannung und befreit die Nation von der Gefahr neuer Verletzungen, während die Strafe des Schuldigen, dessen man habhaft geworden ist, ihren einzigen Zweck erreicht, nämlich den: die anderen Menschen von der Begehung eines ähnlichen Verbrechens abzuschrecken.

Ein weiterer lächerlicher Grund zur Anwendung der Folter ist die Reinigung von der Ehrlosigkeit. Hiernach soll ein von den Gesetzen für ehrlos Erklärter seine Aussage mit der Verrenkung seiner Gebeine bekräftigen. Dieser Mißbrauch sollte im achtzehnten Jahrhundert nicht mehr geduldet werden. Glaubt man, daß der Schmerz, der eine sinnliche Empfindung ist, von der Ehrlosigkeit reinigen könne, die ein rein moralischer Zustand ist? Ist der Schmerz etwa ein Schmelztiegel? Ist die Ehrlosigkeit vielleicht ein unreiner gemischter Körper? Die Ehrlosigkeit ist vielmehr ein Gefühl, das weder von den Gesetzen noch von der Vernunft, sondern allein von der öffentlichen Meinung abhängt. Die Folter selbst bewirkt die tatsächliche Ehrlosigkeit dessen, der ihr zum Opfer fällt. Auf diese Art würde man also jemand dadurch von der Ehrlosigkeit zu befreien suchen, indem man ihn ehrlos macht.

Es ist nicht schwer, den Ursprung dieses lächerlichen Gesetzes zu verfolgen, weil selbst die Widersinnigkeiten, die von einer ganzen Nation angenommen sind, immer irgend welche Beziehungen zu anderen herrschenden und hochgeachteten Ideen derselben Nation haben. Dieser Gebrauch scheint in religiösen Vorstellungen zu wurzeln, die ja einen so großen Einfluß auf die Denkart der Menschen, der Völker und Zeitalter ausüben. Ein unfehlbarer Glaubenssatz versichert uns, daß die durch die menschliche Schwäche hervorgerufenen Makel, die nicht den ewigen Zorn des höchsten Wesens verdienen, in einem nicht vorstellbaren Feuer gereinigt werden müssen. Nun ist aber die Ehrlosigkeit ein bürgerlicher Makel. Und wie der Schmerz und das Feuer die geistigen und unkörperlichen Makel tilgen, weswegen sollten nicht die Qualen der Folter den bürgerlichen Makel, die Ehrlosigkeit, entfernen?

Ich glaube, daß das Geständnis der Angeklagten, das bei einigen Gerichtshöfen ein wesentliches Erfordernis zur Verurteilung ist, einen ganz ähnlichen Ursprung hat, weil nämlich vor dem geheimnisvollen Gerichtshof der Buße [5] das Bekenntnis der Sünde ein wesentlicher Bestandteil des Sakramentes ist. So mißbrauchen die Menschen die sichersten Leuchten der Offenbarung, und da in Zeiten der Unwissenheit nur diese vorhanden sind, so nimmt die gelehrige Menschheit bei jeder Gelegenheit ihre Zuflucht zu ihnen und macht davon die sinnloseste und unpassendste Anwendung.

Diese Wahrheiten waren schon den Gesetzgebern der Römer bekannt, bei denen einzig und allein die Sklaven, denen man jegliche Rechtsfähigkeit absprach, auf die Folter gespannt wurden. Anerkannt sind diese Wahrheiten auch in England, einer Nation, deren Ruhm auf dem Gebiete der Wissenschaften, deren Überlegenheit im Handel, an Reichtum und infolgedessen auch an Macht, deren Beispiele von Tugend und Tapferkeit in uns keinen Zweifel an der Trefflichkeit ihrer Gesetze aufkommen lassen. Die Folter ist abgeschafft worden in Schweden; abgeschafft wurde sie von einem der weisesten Monarchen Europas [6], der die Philosophie auf den Thron erhob und, als Gesetzgeber sich als der Freund seiner Untertanen erweisend, diese gleich und frei gemacht hat in der Abhängigkeit von den Gesetzen, die die einzige Gleichheit und Freiheit ist, die vernünftige Menschen bei der gegenwärtigen Lage der Dinge erstreben können. Die Folter wurde von den Militärgesetzen nicht für notwendig erachtet, obwohl sich die Heere größtenteils aus der Hefe der Völker zusammensetzen und sich daher dem Anschein nach mehr als jeder andere Stand der Folter bedienen müßten. Sonderbar muß es jedem, der keine Vorstellung von der tyrannischen Macht der Gewohnheit hat, vorkommen, daß die Zivilgesetze erst von Menschen, deren Gemüt durch Kampf und Blutvergießen verhärtet ist, eine menschlichere Art zu richten lernen müssen.

---

1. Solange der Täter eines Verbrechens unbekannt ist, ist er straflos, frei und kann seine Freiheit zu denselben Zwecken wie vorher gebrauchen. Es ist daher sehr nützlich, wenn er entdeckt und hierdurch außer Stande gesetzt wird, [weiter] zu schaden. (Diderot.) [KE]
2. Das ist in zivilisierten, christlich geprägten Länder erfahrungsgemäß der Fall. Die Deutsche Justiz ist aber »in keinster Weise« (wie Herr Maas zu sagen pflegt) auf die Invasion von Negern und Arabern vorbereitet, denen die Mißachtung der Gesetze anerzogen und sogar religiös geboten ist. »Man muß Gott mehr gehorchen als den Menschen« — das gibt in Rechtsstaaten keinen Konflikt. »Allahs Gesetze stehen über den menschengemachten Gesetzen« — das führt zum Unter-

gang des Rechtsstaates, wenn hier nicht tatkräftig gegengearbeitet wird. Die größte Bundeskanzlerin aller Zeiten tut so, als ob sie naiv wäre und wünscht sich einen Islam auf dem Boden unseres Grundgesetzes.
3. Davon ist im Merkelland nur noch bei Gesinnungsprozessen gegen Andersdenkende etwas zu spüren, beispielsweise, wenn ein Richter für den Wiederholungsfall mit rüden Worten die zu erwartende Strafe androht. In einem anderen Fall muß das »erhabene« Gericht Beschimpfungen des Angeklagten und seiner Spießgesellen im Publikum hinnehmen und, wenn ein Muselmann das verlangt, das Kreuz abhängen.
4. Alle Welt verabscheut die Folter vor der Überführung des Verbrechers; aber bei einem Kriminalverbrecher ist diese Zusatzqual nötig, um ihm außer der Angabe seiner Mitschuldigen und der Mittel, ihrer habhaft zu werden, auch die Namhaftmachung der zu seiner Überführung notwendigen Beweismittel zu entreißen. Die Bestrafung des Verbrechens ist durch die Notwendigkeit, ähnliche zu verhüten, gerechtfertigt; wenn also das Verbrechen schon seiner Natur nach auf das Vorhandensein von Mitschuldigen schließen läßt, wie z. B. Bandendiebstähle und —morde, und weder Zeugen noch andere Beweismittel den Zusammenhang der Teilnahme hinreichend klarstellen, so wird die Folter aus demselben Grunde wie jede andere Strafe gerecht sein. (Diderot.) [KE]
5. Beichtstuhl [KE]
6. Friedrich der Große hatte drei Tage nach seiner Thronbesteigung, am 3. Juni 1740, die Folter abgeschafft; sie sollte indessen noch angewendet werden »bei dem Crimen laesae Majestatis (Hochverrat) und Landesverräterei, auch denen großen Mordtaten, wo viele Menschen ums Leben gebracht, oder viele Delinquenten, deren Connexion herauszubringen nötig, impliziert sind«. Die vollständige Abschaffung erfolgte durch die Ordres vom 24. Juni und 4. August 1753 und für Schlesien vom 8. August 1754 und 18. November 1756. Berner a. a. . S. 32. [KE]

GERICHTSVERFAHREN UND VERJÄHRUNG

Hat sich nach Prüfung der Beweise die Gewißheit des Verbrechens herausgestellt, dann muß man dem Angeklagten die nötige Zeit und die geeigneten Mittel zu seiner Rechtfertigung gewähren, jedoch nur einen so kurzen Zeitraum, daß er nicht den raschen Strafvollzug aufhält, der, wie wir gesehen haben [1], ein Hauptmittel zur Einschränkung der Verbrechen ist [2]. Eine falsch verstandene Menschenliebe scheint dieser kurzen Bemessung der Frist abgeneigt zu sein; jeglicher Zweifel wird jedoch schwinden, wenn man erwägt, daß die Gefährdung der Unschuld mit der Mangelhaftigkeit der Gesetzgebung zunimmt.

Aber die Gesetze müssen einen bestimmten Zeitraum sowohl für die Verteidigung des Angeklagten als für die Prüfung der Beweise bestimmen; denn der Richter würde zum Gesetzgeber werden, wenn er über die zum Nachweis eines Verbrechens erforderliche Zeit zu entscheiden hätte [3]. Ebenso verdienen jene furchtbaren Verbrechen, die lange in dem Gedächtnis der Menschen fortleben, wenn sie bewiesen sind, keine Verjährung zu Gunsten des Angeklagten, der sich der Bestrafung durch die Flucht entzogen hat. Aber die leichteren und unbekannt gebliebenen Verbrechen müssen der Verjährung unterliegen, die der Ungewißheit des Schicksals eines Bürgers ein Ende macht, weil das Dunkel, in das die Verbrechen schon geraume Zeit gehüllt waren, das Beispiel der Straflosigkeit verschwinden läßt, während dem Schuldigen inzwischen die Möglichkeit zur Besserung offenbleibt. Ich begnüge mich damit, diese Grundsätze anzudeuten, weil eine scharfe Grenze nur durch positive gesetzliche Bestimmung unter Berücksichtigung der besonderen Verhältnisse einer Gesellschaft gezogen werden kann; hinzufügen will ich nur noch, daß, wenn in einer Nation einmal der Nutzen milder Strafen nachgewiesen ist, die Gesetze, die die Verjährungsfrist oder die Zeit für die Beweisführung je nach der Schwere der Verbrechen abkürzen oder verlängern, indem sie so aus der Untersuchungshaft oder aus der freiwilligen Verbannung einen Teil der Strafe machen, eine leichte Verteilung weniger milder Strafen auf die große Anzahl der Verbrechen an die Hand geben würden.

Diese Fristen nehmen aber nicht genau in demselben Maße wie die Unmenschlichkeit der Verbrechen zu, weil die Wahrscheinlichkeit der Verbrechen in umgekehrtem Verhältnis zu ihrer Unmenschlichkeit steht. Es muß also die Dauer der Untersuchung kürzer und die Verjährungsfrist länger werden. Das letztere, d. h. daß möglicherweise ungleiche Verbrechen mit gleichen Strafen belegt werden, wenn man die Zeit der Untersuchungshaft oder die Verjährungsfrist, die beide dem Urteilsspruch vorausgehen, als

Strafe bewertet, scheint mit dem früher Gesagten in Widerspruch zu stehen. Um dem Leser meine Ansicht zu erklären, teile ich die Verbrechen in zwei Klassen ein; die erste, die der unmenschlichen Verbrechen, beginnt mit dem Mord und umfaßt alle noch darüber hinausgehenden Ruchlosigkeiten; die zweite ist die der leichteren Verbrechen. Diese Einteilung ist in der menschlichen Natur begründet. Die Sicherheit des eigenen Lebens ist ein natürliches, die Sicherheit des Vermögens ein soziales Recht. Die Zahl der Beweggründe welche die Menschen antreiben, das natürliche Gefühl des Mitleids zu verleugnen, ist bei weitem geringer als die Zahl der Beweggründe, die sie infolge ihres natürlichen Strebens nach Glück antreiben, ein Recht zu verletzen, das sie nicht in ihrem Herzen, sondern nur in den Gesellschaftsverträgen begründet finden. Der sehr große Unterschied in der Wahrscheinlichkeit beider Klassen erfordert, daß sie nach verschiedenen Grundsätzen behandelt werden.

Je unmenschlicher, und folglich je seltener ein Verbrechen ist, von desto kürzerer Dauer muß infolge der erhöhten Wahrscheinlichkeit der Unschuld des Angeklagten die Untersuchung sein; gleichzeitig muß aber die Verjährungsfrist eine längere werden, weil von der endgültigen Entscheidung über Schuld oder Unschuld eines Menschen die Vernichtung der Hoffnung auf Straflosigkeit abhängt, deren Schädlichkeit mit der Unmenschlichkeit eines Verbrechens zunimmt. Bei den leichteren Verbrechen dagegen, wo die Wahrscheinlichkeit der Unschuld des Angeklagten geringer wird, muß die Dauer der Untersuchung zunehmen, die Verjährungsfrist aber verkürzt werden, weil hier die Straflosigkeit minder schädlich ist.

Eine solche Einteilung der Verbrechen in zwei Klassen wäre unstatthaft, wenn die Schädlichkeit der Straflosigkeit in demselben Grade abnähme, wie die Wahrscheinlichkeit des Verbrechens zunimmt. Man erwäge, daß ein Angeklagter, dessen Schuld oder Unschuld unerwiesen ist, der aber gleichwohl mangels Beweises wieder auf freien Fuß gesetzt worden ist, wegen desselben Verbrechens einer neuen Festnahme und einer neuen Untersuchung gewärtig sein kann, wenn neue, von dem Gesetz bezeichnete Indizien zutage treten, ehe die für sein Verbrechen festgesetzte Verjährungsfrist verstrichen ist. Dies ist wenigstens der Mittelweg, der mir geeignet erscheint, sowohl die Sicherheit als auch die Freiheit der Untertanen zu verteidigen; denn nur allzu leicht wird die eine auf Kosten der anderen bevorzugt, indem das eine dieser beiden Güter, die das unveräußerliche und gleiche Besitztum eines jeden Bürgers bilden, vor dem offenen oder verdeckten Despotismus, das andere vor der zügellosen Anarchie des Volkes nicht geschützt und gehütet wird.

Es gibt einige Verbrechen, die häufig in der Gesellschaft vorkommen und zugleich schwer zu beweisen sind [4]; bei diesen tritt die Schwierigkeit des Beweises an die Stelle der Wahrscheinlichkeit der Unschuld, und die Schädlichkeit der Straflosigkeit fällt um so weniger ins Gewicht, als die Häufigkeit dieser Verbrechen auf ganz anderen Gründen beruht als auf der Gefährlichkeit der Straflosigkeit; daher müssen die Dauer der Untersuchung und die Verjährungsfrist in gleicher Weise abgekürzt werden. Trotzdem sind Ehebruch und Päderastie, die beide schwer zu beweisen sind, gerade die Verbrechen, bei denen nach den überkommenen Grundsätzen die tyrannischen Rechtsvermutungen, die Quasibeweise, die halben Beweise zulässig sind — als ob ein Mensch halb unschuldig oder halb schuldig, d. h. halb strafbar und halb freizusprechen sein könnte —, wo die Folter ihre grausame Herrschaft über die Person des Angeklagten, über die Zeugen und schließlich über die ganze Familie eines Unglücklichen ausübt, wie es einige Rechtsgelehrten, deren Meinung den Richtern als Richtschnur und Gesetz gilt, mit unbilliger Kaltblütigkeit lehren.

Im Hinblick auf solche Grundsätze wird es dem, der nicht bedenkt, daß die Vernunft fast niemals die Gesetzgeberin der Völker war, unbegreiflich erscheinen, daß die unmenschlichsten, dunkelsten und ungeheuerlichsten Verbrechen, d. h. solche, deren Unwahrscheinlichkeit größer ist, durch Mutmaßungen und durch die schwächsten und zweideutigsten Beweise erwiesen werden; als ob die Gesetze und der Richter nicht daran ein Interesse hätten, die Wahrheit zu suchen, sondern nur daran, das Verbrechen zu beweisen; als ob die Gefahr, einen Unschuldigen zu verurteilen, nicht um so größer sei, je mehr die Wahrscheinlichkeit der Unschuld die der Schuld überwiegt.

Den meisten Menschen fehlt jene Tatkraft, die zu großen Verbrechen ebenso nötig ist, wie zu großen Ruhmestaten. Offenbar aus diesem Grunde treten beide gleichzeitig bei solchen Völkern auf, die sich mehr durch die Tätigkeit der Regierung und die das öffentliche Wohl erstrebenden Leidenschaften als durch ihre Größe oder die beständige Vortrefflichkeit ihrer Gesetze erhalten. Bei Völkern der letzteren Art scheinen die geschwächten Leidenschaften mehr dazu angetan, die Regierungsform aufrecht zu erhalten als zu verbessern. Hieraus ergibt sich die wichtige Folgerung, daß das Vorkommen großer Verbrechen bei einem Volke nicht immer dessen Niedergang beweist.

---

1. Vgl. unten § 19 »Schnelligkeit der Bestrafung«; in den älteren Ausgaben wurde erst in § 30 von dem »Gerichtsverfahren und der Verjährung« gehandelt. [KE]
2. Die scheinbare Überlastung der Gerichte führt nun dazu, daß mohammedanische Kriminelle, die sowieso keinen Respekt vor Deutschen Gerichten haben, wenn sie dann endlich vor dem Richter stehen, die Sache längst vergessen haben. Nötig wären Schnellgerichte, die den Straftäter noch am Tag seiner Verhaftung verurteilen. Den Rechtsweg kann er dann hinter Gittern beschreiten. Aber, da sei Allah vor, daß wir den Rechtsstaat so verkommen lassen. Eine ganze Armee von Parasiten lebt doch »gut und gerne« von kriminellen Ausländern (genauer: Von unserem Gelde, indem sie Asylbanditen bewillkommnen und unterstützen).
3. Im Zuge der sogenannten Dönermorde sitzt Beate Zschäpe seit Mai 2013 (jetzt schreiben wir April 2018!) in Untersuchungshaft. Das stört aber keinen der Menschenrechtler. Auch wird ihr Name und ihr Bild öffentlich gemacht, was bei jedem ausländischen Schwerverbrecher (der hat nämlich »Persönlichkeitsrechte«) unterbleibt. Diese heißen z. B. Hussein K., wie der Mörder der Maria Ladenburger in Freiburg i. B.
4. Die Verbrechen, die Beccaria hier im Auge hat, sind Ehebruch, Päderastie und Kindesmord. Vgl. unten § 36. [KE]

VERSUCH, MITSCHULDIGE, STRAFLOSIGKEIT

Daraus, daß die Gesetze die Absicht nicht bestrafen [1], geht nicht hervor, daß eine Handlung, die den Anfang eines Verbrechens darstellt und den Willen, es auszuführen, offenbart, keine Strafe verdiene; allerdings muß diese geringer sein, als die durch die vollendete Ausführung des Verbrechens verwirkte. Die Wichtigkeit, die der Verhütung des Versuchs zukommt, rechtfertigt eine Strafe; da aber zwischen Versuch und Vollendung ein mehr oder weniger langer Zeitraum liegen kann, so vermag die auf das vollendete Verbrechen gesetzte schwere Strafe die Reue herbeizuführen [2]. Das Gleiche gilt, wenn mehrere gemeinschaftlich ein Verbrechen begehen, aber nicht alle unmittelbar an der Ausführung teilnehmen, sondern in verschiedener Weise tätig werden. Vereinigen sich mehrere Menschen zu einem gefährlichen Unternehmen, so werden sie, je größer die Gefahr ist, desto mehr bestrebt sein, sie gleichmäßig auf alle zu verteilen; es wird daher schwerer einer zu finden sein, der bereit ist, die Ausführung der Tat zu übernehmen und sich hierdurch einer größeren Gefahr als seine Genossen auszusetzen. Eine Ausnahme würde nur in dem Falle eintreten, wo dem Ausführenden ein besonderer Preis ausgesetzt wäre; da er aber dann eine besondere Vergütung für die größere Gefahr erhält, so sollte die Strafe für alle gleich sein. Solche Betrachtungen erscheinen dem vielleicht zu metaphysisch, der nicht bedenkt, wie äußerst nützlich es ist, daß die Gesetze möglichst wenige Beweggründe zum Einverständnis zwischen den Teilnehmern an einem Verbrechen bieten.

Manche Gerichte versprechen demjenigen Teilnehmer an einem schweren Verbrechen, der seine Genossen namhaft macht, Straflosigkeit. Ein solches Mittel hat seine Nachteile und seine Vorteile. Die Nachteile bestehen darin, daß die Nation den Verrat, der selbst unter den Verbrechern Abscheu erregt, gut heißt; denn die Verbrechen, die Mut erfordern, sind für eine Nation weit weniger verhängnisvoll als die, welche der Feigheit entspringen, da der Mut nicht häufig vorkommt und nur einer wohltätigen, ihn leitenden Gewalt bedarf, um dem öffentlichen Wohle dienstbar gemacht zu werden, während die Feigheit sich häufiger vorfindet und ansteckend wirkt und immer mehr um sich greift [3]. Überdies verrät der Gerichtshof seine eigene Unsicherheit und die Schwäche des Gesetzes, das die Hilfe dessen anruft, der es übertritt.

Die Vorteile bestehen darin, daß große Verbrechen verhindert werden, die das Volk einschüchtern, wenn ihre Wirkungen zutage treten, ihre Urheber aber verborgen bleiben. Außerdem trägt es zur Verbreitung der Erfahrung bei, daß, wer den Gesetzen, d. h. der

Gesamtheit, die Treue bricht, sich wahrscheinlich auch dem Einzelnen gegenüber treulos zeigen wird. Mir würde ein allgemeines Gesetz, das jeden Mitschuldigen, der Anzeige von einem Verbrechen erstattet, Straflosigkeit zusagt, den Vorzug vor einer besonderen, in jedem einzelnen Falle zu erlassenden Erklärung zu verdienen scheinen, weil so durch die gegenseitige Furcht, sich allein der Gefahr auszusetzen, verbrecherische Vereinigungen verhindert würden, und das Gesetz nicht die Frechheit der Verbrecher dadurch steigern würde, daß es ihnen in einem einzelnen Falle die Notwendigkeit ihres Beistandes zu erkennen gibt. Ein solches Gesetz sollte jedoch mit der Straflosigkeit die Verbannung des Angebers verbinden ...

Doch vergebens bemühe ich mich, den Gewissensbiß zu verscheuchen, den ich darüber empfinde, daß ich die unverletzlich heiligen Gesetze, dieses Denkmal des öffentlichen Vertrauens, diese Grundlage der menschlichen Moral, zu Verrat und Heuchelei ermächtige. Was für ein Beispiel für das Volk würde es erst dann sein, wenn man die verheißene Straflosigkeit nicht gewahren, und auf gelehrte Spitzfindigkeiten hin, der öffentlichen Treue zum Hohn, den zur Strafe ziehen wollte, welcher der Aufforderung der Gesetze Folge geleistet hat! Derartige Beispiele sind unter den Nationen nicht selten, und deshalb gibt es derer nicht wenige, die sich unter einer Nation nichts anderes als eine zusammengesetzte Maschine vorstellen, deren Mechanismus die Geschicktesten und Mächtigsten nach ihrem Belieben in Bewegung setzen: kalt und gefühllos gegen alles, was zarte und edle Gemüter erfreut, rufen sie mit unerschütterlicher Schlauheit die teuersten Gefühle und die heftigsten Leidenschaften wach, sobald sie es für ihre Zwecke dienlich finden, indem sie die Gemüter berühren wie die Musiker ihre Instrumente [4].

---

1. Cogitationis poenam nemo patitur. (Ulpian) Gedanken sind zollfrei. [KE]
2. Wie in Deutschland auch Bombenbauer Rechte haben, kann man hier nachlesen.
3. Die Feinfühligkeit des Verfassers verrät eine edle und erhabene Seele; aber die menschliche Moral, deren Grundlage die Gesetze bilden, bezweckt die öffentliche Ordnung, und kann nicht unter ihre Tugenden die gegenseitige Treue der Verbrecher zählen, die es ihnen ermöglicht, die Ordnung und die Gesetze mit größerer Sicherheit zu verletzen. In einem offenen Krieg nimmt man Überläufer auf; um so mehr muß dies in einem geheimen und dunkeln geschehen, wo Hinterhalt und Verrat gang und gäbe sind. (Diderot)[KE]
4. Gut gesagt. So, wenn wieder einmal zum »Aufstand der Anständigen« aufgerufen wird (wenn ich sehe, wer da nun aufsteht, bin ich gern unanständig) oder wenn (Allah sei gelobt!) endlich einmal eine Moschee von sogenannten Rechten und nicht von Muselmännern selbst angezündet wird, oder wenn ein Asylbandit ermordet wird. Dann gibt es ein »breites Bündnis gegen Rechts« und es wird »ein Zeichen gesetzt«, eine Lichterkette aus der Mottenkiste geholt — bis — ja, bis — der Mörder entdeckt ist. Dann schweigt des Sängers Höflichkeit.

MILDE DER STRAFEN

Aus der einfachen Betrachtung der bisher auseinandergesetzten Wahrheiten geht deutlich hervor, daß die Strafe weder den Zweck hat, ein empfindendes Wesen zu quälen und zu betrüben noch ein bereits begangenes Verbrechen ungeschehen zu machen. Kann einer politischen Körperschaft, die, weit entfernt aus Leidenschaft zu handeln, vielmehr die ruhige Leiterin der Leidenschaften der einzelnen ist, jene unnütze Grausamkeit, das Werkzeug der Wut, des Fanatismus oder schwacher Tyrannen innewohnen? Können die Klagerufe eines Unglücklichen von der nimmer zurückkehrenden Zeit die vollbrachten Taten zurückfordern? Der Zweck ist also kein anderer, als den Verbrecher daran zu hindern, seinen Mitbürgern neuen Schaden zuzufügen und die anderen von gleichen Handlungen abzuhalten. Es verdienen also die Strafen und die Art ihrer Auferlegung den Vorzug, die unter Wahrung der Angemessenheit den lebhaftesten und nachhaltigsten Eindruck auf die Gemüter der Menschen machen und dabei dem Schuldigen möglichst geringes körperliches Leid zufügen.

Wen ergreift nicht, wenn er die Geschichte liest, Entsetzen vor den barbarischen und unnützen Qualen, die von Männern, die man weise nannte, mit kaltem Blut erfunden und ausgeführt wurden? Wer fühlt sich nicht bis in den innersten Grund seiner Seele erschüttert, wenn er sieht, wie Tausende Unglücklicher — von dem Elend, das die Gesetze, die stets nur einige Wenige begünstigten und die Mehrzahl benachteiligten, wollten oder wenigstens duldeten, zu einer verzweifelten Rückkehr in den ursprünglichen Naturzustand gezwungen — entweder unmöglicher [1], von furchtsamer Unwissenheit ersonnener Verbrechen angeklagt oder nur um deswillen beschuldigt werden, weil sie ihren Grundsätzen treu geblieben sind, und wie sie dann von Menschen, die mit denselben Sinnen und folglich mit denselben Leidenschaften begabt worden sind, mit ausgedachten Förmlichkeiten und langsamen Martern zerfleischt werden zur Augenweide einer fanatischen Menge?

Damit eine Strafe ihren Zweck erreiche, genügt es, daß sie ein Leiden verhängt, das den aus dem Verbrechen erwachsenden Vorteil überwiegt, und in dieses Übergewicht des Leidens muß die Unausbleiblichkeit der Strafe und der Verlust des durch das Verbrechen erzielten Vorteils mit eingerechnet werden; alles, was darüber hinausgeht, ist überflüssig und daher tyrannisch. Die Menschen richten sich bei ihrer Handlungsweise nach den wiederholten Wirkungen der Leiden, die sie kennen, nicht aber nach denen, die ihnen unbekannt sind. Man denke sich zwei Nationen; in der einen stehe an der obersten Stelle der den verschieden abgestuften Verbrechen angepaßten Stufenleiter der Strafen lebenslängliche Knechtschaft, in der anderen das Rad; ich behaupte nun, daß bei der ersten die schwerste Strafe ebenso sehr gefürchtet sein wird wie bei der letzteren [2]. Sollten aus irgend einem Grunde die höchsten Strafen der zweiten bei der ersten zur Einführung gelangen, dann würde derselbe Grund auch eine Verschärfung der Strafen der zweiten herbeiführen, so daß man nach und nach vom Rade zu langsameren und ausgesuchteren Martern und schließlich zu den höchsten Feinheiten einer den Tyrannen nur allzu bekannten Wissenschaft gelangen würde.

Je grausamer die Strafen werden, desto mehr verhärten sich die Gemüter der Menschen, die sich wie die Flüssigkeiten stets den sie umgebenden Körpern anpassen. Und die immer lebendige Kraft der Leidenschaften bewirkt, daß nach hundertjähriger Anwendung grausamer Strafen das Rad nicht abschreckender wirkt als zuerst das Gefängnis.

Die Grausamkeit der Strafe bewirkt, daß der Schuldige um so mehr daran setzt, ihr zu entgehen, je größer das Leiden ist, das ihm bevorsteht, und daß er mehrere Verbrechen begeht, um sich der Bestrafung wegen eines zu entziehen. In den Ländern und Zeiten, in denen die grausamsten Strafen vorkamen, wurden stets auch die blutigsten und unmenschlichsten Handlungen ausgeführt, weil derselbe Geist der Wildheit, der die Hand des Gesetzgebers führte, auch die des Vater und des Meuchelmörders leitete; auf dem Throne gab er eiserne Gesetze für Sklavenseelen, die ihnen gehorchten; im Dunkel des Privatlebens reizte er zum Morde der Tyrannen, um neue zu schaffen.

Zwei andere verderbliche Folgen, die dem Zweck, Verbrechen zu verhüten, widerstreiten, entstehen aus der Grausamkeit der Strafen. Die erste besteht darin, daß es nicht so leicht ist, das richtige Verhältnis zwischen Verbrechen und Strafen einzuhalten; denn wenn auch eine erfinderische Grausamkeit die Arten der Strafe noch so mannigfach abgestuft haben mag, so kann doch keine Strafe das äußerste Maß überschreiten, das die Grenze für die menschliche Organisation und Empfindungsfähigkeit bildet. Wäre man an diesem äußersten Punkte angelangt, so wären für noch schädlichere und grausamere Verbrechen keine entsprechend härteren Strafen vorhanden, wie es zu ihrer Verhütung notwendig wäre. Die andere Folge[rung] besteht darin, daß die Straflosigkeit selbst oft durch die Grausamkeit der Strafen veranlaßt wird. Die Menschen bewegen sich, sowohl im Guten als im Bösen, innerhalb fest bestimmter Grenzen; ein für die Menschheit allzu grausames Schauspiel kann sich nur als ein vorübergehender Wutanfall darstellen, nicht aber als ein feststehendes System, wie es doch die Gesetze sein sollen. Sind diese daher wirklich grausam, so werden sie entweder abgeändert oder die verderbliche Straflosigkeit wird durch die Gesetze selbst veranlaßt.

Ich schließe mit der Bemerkung, daß die Größe der Strafe auch dem jeweiligen Zustande der Nation selbst angemessen sein muß. Stärker und fühlbarer müssen die Eindrücke auf die verhärteten Gemüter einer Bevölkerung, die kaum aus dem Zustand der Wildheit herausgetreten ist, gestaltet werden. Ein Blitz ist nötig, um einen grimmen Löwen niederzustrecken, der einem Flintenschuß Trotz bietet. Aber in dem Maße, wie in dem Gesellschaftszustande die Gesinnungsart milder wird, nimmt die Empfindlichkeit zu, und mit ihrer Zunahme muß die Härte der Strafe abnehmen, wenn man das zwischen dem Gegenstande und dem Gefühlsvermögen bestehende Verhältnis unverändert aufrecht erhalten will [3].

---

1. Da ich allgemein von den Kriminalverbrechen aller Nationen spreche, so verstehe ich unter Verbrechen die Handlungen, welche die Gesetze eines Landes als Verbrechen bezeichnen. In diesem Sinne bedeuten unmögliche Verbrechen solche Verbrechen, die als Verbrechen bezeichnet werden, obwohl ich ihre Begehung für unmöglich halte, z. B. Hexerei, Zauberei. Beccaria, Risposta I, 19. [KE]
2. Die Erfahrung hat gelehrt, daß in Ländern, wo die Strafen mild sind, diese auf die Bürger dieselbe Wirkung ausüben wie anderwärts die strengen Strafen. Montesquieu, Esprit des lois VI, 12.
    In einem Staate bewirken die mehr oder weniger grausamen Strafen nicht, daß man den Gesetzen mehr gehorcht. In den Ländern, wo die Strafen mild sind, fürchtet man sie ebenso wie dort, wo sie tyrannisch und schrecklich sind. Montesquieu, Lettres Persanes I, 80. [= 80. Brief][KE]
3. Dem von Beccaria zitierte Satz aus dem 80. Brief Montesquieus folgt dieser Absatz: »Sei die Regierung sanft oder hart, immer straft man doch in verschiedenen Graden. Eine mehr oder minder hohe Strafe steht auf ein mehr oder minder großes Verbrechen. Unsere Vorstellungen bequemen sich von selbst nach den Sitten des Landes, in welchem wir leben; acht Tage Gefängnis oder leichte Geldbuße machen auf den Geist eines Europäers, der in einem mildregierten Lande erzogen ward, denselben abschreckenden Eindruck, wie auf den Asiaten der Verlust eines Armes. Sie haben vor einem gewissen Grad von Strafe einen gewissen Grad von Furcht und jeder teilt sie nach seiner Weise. Die Verzweiflung der Ehrlosigkeit bringt einen Franzosen außer sich, wenn er zu einer Strafe verurteilt ist, welche einem Türken keine Viertelstunde seines Schlafs rauben würde.« Hier wird es deutlicher, daß im heutigen, durch ungehinderte Invasion von Menschen aus einer minderwertigen, primitiven und gewalttätigen Kultur

gekennzeichneten Deutschland eigentlich zwei Strafgesetzbücher angewendet werden müßten — eines für die »schon länger hier Lebenden« und eines für die Invasoren. Diese verlassen meist laut lachend die Gerichtsgebäude. Weiteres dazu im Anhang, wo von der Dreiteilung des Gesetzes die Rede ist.

VON DER TODESSTRAFE

Die unnütz häufige Anwendung der Strafen, die noch nie die Menschen gebessert hat, hat mich zur Prüfung der Frage veranlaßt, ob in einem gut eingerichteten Staatswesen die Todesstrafe wirklich nützlich und gerecht sei. Woher können die Menschen die Berechtigung ableiten, ihresgleichen zu töten? Gewiß hat sie nicht denselben Ursprung wie die Souveränität und die Gesetze. Diese sind nur die Summe der kleinsten Teile persönlicher Freiheit, die jeder einzelne der Gesamtheit übertragen hat. Sie stellen den Gesamtwillen dar, der eine Vereinigung des Willens aller einzelnen ist. Wer würde jemals anderen Menschen die Befugnis, ihn zu töten, zugestanden haben [1]? Wie kann jemals in dem Opfer des kleinstmöglichen Teiles der Freiheit eines jeden, das des höchsten aller Güter, des Lebens, einbegriffen sein [2]? Wenn dem selbst so wäre, wie ließe sich ein solcher Grundsatz mit dem anderen, daß der Mensch kein Recht habe, sich selbst zu töten, in Einklang bringen? Er müßte doch dieses Recht besessen haben, wenn er es anderen oder der ganzen Gesellschaft abtreten konnte [3].

Aus diesen Ausführungen geht hervor, daß die Todesstrafe kein Recht sein kann und demgemäß auch kein solches ist; sie ist vielmehr ein Kampf des Staates gegen einen einzelnen Bürger, weil er dessen Vernichtung für notwendig oder nützlich hält. Wenn ich aber den Beweis erbracht habe, daß der Tod weder nützlich noch notwendig ist, dann habe ich die Sache der Menschheit gewonnen.

Der Tod eines Bürgers kann aber nur aus zwei Gründen für notwendig erachtet werden. Der erste — wenn einer, obwohl der Freiheit beraubt, noch solche Verbindungen und solche Macht hat, daß er hierdurch die Staatssicherheit gefährdet, wenn seine Existenz eine gefährliche Umwälzung in der bestehenden Staatsform hervorrufen würde [4]. Der Tod eines Bürgers wird also nötig, wenn die Nation ihre Freiheit wieder gewinnt oder verliert, oder in einer Zeit der Anarchie, wenn Unordnung an die Stelle der Gesetze tritt. Aber während der ruhigen Herrschaft der Gesetze, bei einer Regierungsform, die im Einklang mit den Wünschen der Nation steht und nach außen und innen durch die Macht und die öffentliche Meinung, welch letztere vielleicht wirksamer als die Macht selbst ist, wo nur der wirkliche Souverän befiehlt, wo Reichtümer Annehmlichkeit, aber keine Machtvollkommenheit gewähren, liegt, soviel ich sehe, keinerlei Notwendigkeit vor, das Leben eines Bürgers zu vernichten, es sei denn, daß sein Tod wirklich das einzige Mittel wäre, um die anderen von der Begehung von Verbrechen abzuhalten — der zweite Grund, aus dem die Todesstrafe für gerecht und notwendig gehalten werden kann [5].

Wenn die Erfahrung aller Jahrhunderte, in denen die äußerste Strafe entschlossene Männer nie von den Angriffen auf die Gesellschaft abgehalten hat, wenn das Beispiel der römischen Bürger und die zwanzigjährige Regierung der Kaiserin Elisabeth von Rußland [6], die den Vätern der Völker ein herrliches Beispiel gab, das zum wenigsten viele mit dem Blute der Landeskinder erkaufte Eroberungen aufwiegt, die Menschen nicht überzeugt, denen die Sprache der Vernunft immer verdächtig ist und nur diejenige der Autorität Eindruck macht, so genügt es, die menschliche Natur zu prüfen, um die Richtigkeit meiner Behauptung einzusehen.

Nicht die Härte, sondern die Dauer der Strafe übt die nachhaltigere Wirkung auf das menschliche Gemüt aus. Denn unser Gefühl wird leichter und nachhaltiger durch leichte, aber wiederholte Eindrücke bewegt, als durch eine starke, aber vorübergehende Erregung. Der Macht der Gewohnheit unterliegen alle mit Gefühl begabte Wesen; und wie der Mensch mit ihrer Hilfe sprechen, gehen und seine Bedürfnisse befriedigen lernte, so prägen sich die moralischen Vorstellungen dem menschlichen Geist nur durch anhaltende und wiederholte Eindrücke ein. Nicht das furchtbare, aber vorübergehende Schauspiel einer Hinrichtung, sondern das lange und anhaltende Beispiel eines der Freiheit beraubten Menschen, der zum Lasttier geworden ist, gewährt mit seinen Mühsalen der Gesellschaft, die er verletzt hat, Genugtuung und ist das wirksamste Abschreckungsmittel gegen die Verbrechen. Die wirksame, weil sehr oft wiederholte Rückbeziehung auf uns selbst: »ich selbst werde ebensolange in eine so traurige Lage kommen, wenn ich ähnliche Missetaten begehe«, ist viel eindrucksvoller als der Gedanke an den Tod, den die Menschen immer nur in nebelhafter Ferne sehen.

Der Eindruck, den die Todesstrafe macht, kann mit aller seiner Gewalt nicht das rasche Vergessen hindern, das dem Menschen auch in den wichtigsten Angelegenheiten anhaftet und durch die Leidenschaften noch beschleunigt wird. Allgemeine Regel: die heftigen Leidenschaften überwältigen die Menschen, aber nicht für lange Zeit, und sind folglich geeignet, jene Umwälzungen hervorzurufen, die aus gewöhnlichen Menschen Perser oder Lacedämonier machen; aber unter einer freien und ruhigen Regierung müssen die Eindrücke häufiger als stark sein.

Die Todesstrafe wird für die meisten zu einem Schauspiel und einem Gegenstand des mit Verachtung gemischten Mitleids. Jene beiden Gefühle bemächtigen sich mehr des Geistes der Zuschauer als die heilsame Furcht, die das Gesetz einzuflößen beabsichtigt. Aber bei gemäßigten und lange andauernden Strafarten herrscht das letztgenannte Gefühl vor, weil es das einzige ist. Die Grenze, die der Gesetzgeber für die Härte der Strafe ziehen sollte, scheint in dem Gefühl des Mitleids gegeben zu sein, und zwar da, wo dieses die Oberhand zu gewinnen beginnt über alle Gefühle des Zuschauers einer Hinrichtung, auf den diese weit mehr berechnet ist, als auf den Angeklagten.

Damit eine Strafe gerecht sei, darf sie nur den Grad der Härte annehmen, der zur Abschreckung der Menschen von den Verbrechen genügt; nun gibt es keinen, der nach einiger Überlegung den gänzlichen lebenslänglichen Verlust der eigenen Freiheit wählen würde, wenn auch das Verbrechen einen noch so großen Vorteil verhieße. Also ist die lebenslängliche

Freiheitsstrafe als Ersatz für die Todesstrafe hart genug, um einen zur Begehung eines Verbrechens Entschlossenen hiervon abzuhalten. Ja, sie ist noch härter: sehr viele sehen dem Tod ruhig und gelassen in die Augen, mancher aus Fanatismus, mancher aus Eitelkeit, die die Menschen fast bis zum Grabe begleitet, mancher, weil er den letzten verzweifelten Versuch wagt, entweder nicht am Leben zu bleiben oder aus seinem Elend herauszukommen. Aber weder Fanatismus noch Eitelkeit halten stand gegenüber den Fesseln oder den Ketten, gegenüber dem Stock, gegenüber der Gefangenschaft in einem eisernen Käfig [7]; der Verzweifelte steht hier nicht am Ende, sondern am Anfang seiner Leiden.

Unser Geist widersteht mehr der Gewalt und dem heftigsten, aber vorübergehenden Schmerz als der Zeit und der unaufhörlichen Mühsal. Denn er kann, so zu sagen, seine ganze Spannkraft für einen Augenblick zusammenfassen, um den ersteren zu widerstehen, aber seine ganze elastische Kraft reicht nicht aus, um die andauernde und wiederholte Einwirkung der letzteren zu ertragen. Bei der Todesstrafe setzt jedes Beispiel ihrer Anwendung, das dem Volk gegeben wird, ein besonderes Verbrechen voraus; bei der lebenslänglichen Freiheitsstrafe gibt ein Verbrechen sehr viele und nachhaltige Beispiele; und wenn es wichtig ist, daß die Menschen oft die Tragweite der Gesetze sehen, so dürfen die [einzelnen] Hinrichtungen zeitlich nicht lange auseinanderliegen: sie setzen also voraus, daß häufig Verbrechen begangen werden. Um nützlich sein zu können, darf die Todesstrafe also nicht den ganzen Eindruck auf die Menschen machen, den sie machen sollte, d. h. sie muß zu gleicher Zeit nützlich und unnütz sein. Wer behauptet, daß lebenslängliche Freiheitsstrafe ebenso schmerzlich wie die Todesstrafe sei und deshalb ebenso grausam wie diese, so antworte ich hierauf, daß, wenn man alle traurigen Augenblicke dieser Freiheitsstrafe zusammen zählt, sie sogar noch grausamer sein würde; allein diese erstrecken sich auf die ganze Lebensdauer, während jene ihre ganze Wirkung in einem Augenblick erschöpft. Dies ist aber gerade der Vorteil der Freiheitsstrafe, daß sie dem Zuschauer weit schrecklicher vorkommt als dem, der sie erduldet. Denn der erstere faßt die ganze Summe der unglücklichen Augenblicke ins Auge, während der letztere durch die Mißlichkeit des gegenwärtigen Augenblicks von dem Gedanken an die Zukunft abgelenkt wird. Alle Leiden erscheinen in der Vorstellung größer; wer aber eines erduldet, findet Linderung und Trost, woran die Zuschauer, die die eigene Empfindlichkeit bei dem verhärteten Gemüte des Unglücklichen voraussetzen, weder denken noch glauben.

Folgendes ist ungefähr der Gedankengang eines Räubers oder Mörders, für den es kein anderes Gegengewicht, das ihn von der Verletzung der Gesetze abhält, gibt als den Galgen oder das Rad. Ich weiß, daß die Darstellung der eigenen Gefühle eine Kunst ist, die man nur durch die Erziehung erlernt; aber wenn auch ein Räuber seine Grundsätze nicht in wohl gesetzter Form darzulegen vermag, so bestimmen sie ihn nichtsdestoweniger:

»Was sind es für Gesetze, die ich achten soll, und die eine so breite Kluft zwischen mir und dem Reichen lassen? Er verweigert mir den Groschen, um den ich ihn angehe, und glaubt genug getan zu haben, wenn er mir Arbeit, die er nicht kennt, auferlegt. Wer hat diese Gesetze gemacht? Mächtige und Reiche, die sich niemals dazu herabgelassen haben, die schmutzigen Hütten des Armen zu besuchen, die niemals ein schimmeliges Brot unter unschuldige, vor Hunger schreiende Kinder und weinende Mütter verteilt haben. Auf, laßt uns diese Bande zerreißen, die der Mehrzahl verhängnisvoll und nur einigen wenigen Gewalthabern vorteilhaft sind. Wir wollen die Ungerechtigkeit an ihrer Wurzel fassen. Ich werde in den Zustand meiner natürlichen Unabhängigkeit zurückkehren, ich werde für einige Zeit frei und glücklich mit dem Ertrag meines Mutes und meines Fleißes leben. Vielleicht wird der Tag des Schmerzes und der Reue kommen, aber er wird nicht lange währen, und ich habe viele Jahre der Freiheit und des Wohllebens mit einem Tag des Leidens erkauft. König einer kleinen Zahl, werde ich die Mißgriffe des Glücks verbessern und werde die Gewalthaber erbleichen und erzittern sehen vor dem, den sie in ihrem frechen Hohn geringer als ihre Pferde und Hunde geachtet.«

Dann bietet sich noch die Religion dem Verbrecher, der alles mißbraucht, dar und gewährt ihm eine leichte Reue, sowie die Aussicht auf ein fast sicheres Seelenheil und vermindert so um vieles den Schrecken dieser letzten Tragödie [8].

Wer sich aber vor Augen hält, daß er eine große Anzahl von Jahren oder gar sein ganzes Leben in Gefangenschaft und in Mühsal vor dem Angesicht seiner Mitbürger, mit denen er als freier Genosse lebte, als Sklave der Gesetze, unter deren Schutz er gestanden, zubringen wird, der stellt eine nützliche Vergleichung an zwischen alledem und der Ungewißheit des Ausgangs seiner Verbrechen, sowie der Kürze der Zeit, in der er die Früchte derselben wohl genießen könnte.

Das andauernde Beispiel derer, die er gegenwärtig als Opfer ihrer eigenen Unbedachtsamkeit sieht, macht auf ihn einen weit tieferen Eindruck als der Anblick einer Hinrichtung, die ihn eher verhärtet als bessert.

Unnütz ist die Todesstrafe infolge des Beispiels von Grausamkeit, das sie den Menschen gibt. Wenn die Leidenschaften oder die Notwendigkeit des Krieges gelehrt haben, Menschenblut zu vergießen, so sollten doch die Gesetze, die veredelnd auf die Sitte der Menschen einwirken sollen, nicht ein weiteres Beispiel der Wildheit geben, das um so verhängnisvoller wirkt, als die als gesetzliche Strafe verhängte Tötung unter genau bestimmten Förmlichkeiten vollzogen wird. Es scheint mir widersinnig, daß die Gesetze, die der Ausdruck des Gemeinwillens sind und den Totschlag verpönen und bestrafen, einen solchen selbst begehen, und, um die Bürger von der Ermordung abzuhalten, einen öffentlichen Mord anordnen. Welches sind die wahren und nützlichsten Gesetze? Die Verträge und Bedingungen, die alle beobachten und vorschlagen würden, solange die immer beachtete Stimme des Privatinteresses schweigt oder mit dem Interesse der Gesamtheit Hand in Hand geht. Was empfindet ein jeder bei der Todesstrafe? Wir erkennen es aus dem Unwillen und der Verachtung, mit der jeder dem Scharfrichter begegnet, der doch nur ein unschuldiger Vollzieher des öffentlichen Willens, ein guter Bürger, der zum Gesamtwohl beiträgt, der das notwendige Werkzeug zur Aufrechterhaltung der Sicherheit nach innen ist, wie es die tapferen Soldaten nach außen sind [9]. Was ist nun der Ursprung dieses Widerspruchs? Weshalb können die Menschen sich nicht frei machen von diesem der Vernunft widerstrebenden Gefühle? Weil sie in dem Innersten ihres Herzens, wo die ursprüngliche Menschennatur sich in ihrer reinsten Gestalt erhalten hat, immer daran festgehalten haben, daß ihr eigenes Leben in niemandes Gewalt stehe, außer in der Notwendigkeit, die mit ihrem eisernen Zepter das Weltall regiert.

Was müssen die Menschen denken, wenn sie sehen, wie weise Obrigkeiten und ernste Priester der Gerechtigkeit mit gleichgültiger Ruhe einen Verbrecher in feierlichem Aufzuge zum Tode schleppen, wie der Richter, während ein Unglücklicher in schrecklicher Todesangst in Erwartung des tödlichen Streiches aufzuckt, mit gefühlloser Kälte und vielleicht sogar mit stiller Freude über seine Machtbefugnis fortgeht, um die Annehmlichkeiten und Freuden des Lebens zu genießen?

»Ach,« werden sie sagen, »jene Gesetze sind nur ein Vorwand für die Gewalt, und jene wohlerwogenen grausamen Förmlichkeiten sind nur eine herkömmliche Redensart und haben nur den Zweck, uns mit größerer Sicherheit als Opfer bei dem Dienste des unersättlichen Götzen Despotismus abschlachten zu können. Den Mord, der uns als eine schreckliche Missetat hingestellt zu werden pflegt, sehen wir ohne Widerstreben und ohne Aufregung verübt. Machen wir uns dieses Beispiel zunutze. Der gewaltsame Tod erschien uns nach den Beschreibungen, die uns davon gemacht wurden, als ein fürchterliches Schauspiel, aber, wie wir sehen, ist er die Sache eines Augenblicks. Wieviel weniger schrecklich wird er für den sein, der ihn nicht erwartet, und dem infolgedessen alles erspart bleibt, was er schmerzliches hat.«

Dieses sind die verderblichen Trugschlüsse, die, wenn auch nicht mit völliger Klarheit, so doch wenigstens verworren, die zu Verbrechen hinneigenden

Menschen ziehen, Menschen, über die der Mißbrauch der Religion mehr als die Religion selbst vermag.

Wenn man mir das Beispiel fast aller Zeiten und Völker, die die Todesstrafe auf einige Verbrechen [10] gesetzt haben, entgegenhält, so werde ich erwidern, daß es zu Schanden wird gegenüber der unverjährbaren Wahrheit, daß die Geschichte der Menschheit in uns die Vorstellung von einem Meer von Irrtümern hervorruft, zwischen denen sich wenige, nur halb erkannte Wahrheiten in weiten Zwischenräumen über dem Wasser halten. Die Menschenopfer hatten fast alle Völker miteinander gemein, doch wer wird sie deshalb zu entschuldigen wagen? Daß nur wenige Gemeinwesen und nur auf kurze Zeit von der Todesstrafe Abstand genommen haben, ist für mich eher günstig als gegenteilig; denn das ist das hergebrachte Geschick der großen Wahrheiten, daß ihre Dauer nur ein Blitz im Vergleich zu der langen finsteren Nacht ist, die die Menschen umfängt. Noch ist die glückliche Zeit nicht angebrochen, in der die Wahrheit, wie bisher der Irrtum, der Mehrzahl zu eigen sein wird; von diesem allgemeinen Gesetze waren bis jetzt nur die Wahrheiten ausgenommen, die die unendliche Weisheit von den übrigen hat trennen wollen, indem sie sie uns offenbarte.

Die Stimme eines Philosophen ist viel zu schwach, um bei dem Lärm und Geschrei so vieler, die von der blinden Gewohnheit geleitet werden, vernehmbar zu sein. Aber die wenigen Weisen, die auf dem Erdenrunde zerstreut sind, werden in ihrem innersten Herzensgrunde mit mir übereinstimmen. Und könnte die Wahrheit durch die unendlichen Hindernisse hindurch, die sie von einem Monarchen trennen, wider seinen Willen zu seinem Throne gelangen, so möge er wissen, daß die geheimen Wünsche aller Menschen sie begleiten, er möge wissen, daß ihr gegenüber der blutige Ruhm der Eroberer verstummen und die gerechte Nachwelt ihr den ersten Platz unter den friedlichen Siegeszeichen eines Titus, Antonius und Trajan anweisen wird.

Glücklich wäre die Menschheit, wenn ihr jetzt zum ersten Male Gesetze gegeben würden, jetzt, wo wir auf den Thronen Europas wohltätige Monarchen sehen, die die Tugenden des Friedens, die Wissenschaften und Künste pflegen, die Väter ihrer Völker sind, gekrönte Bürger, deren Machterweiterung das Glück ihrer Untertanen bildet, weil sie den Zwischendespotismus aufhebt, der, weil unsicherer, grausamer ist und die immer aufrichtigen Wünsche des Volkes unterdrückt, — Wünsche, die immer segenbringend sind, wenn, sie bis zum Throne gelangen können! Wenn sie die alten Gesetze bestehen lassen, so liegt dies an der unendlichen Schwierigkeit, von den Irrtümern den ehrwürdig gewordenen Rost vieler Jahrhunderte zu entfernen; dieses ist ein Grund, aus dem die aufgeklärten Bürger die ständige Erweiterung der fürstlichen Macht sehnlichst wünschen müssen.

---

1. Um nicht das Opfer eines Mörders zu werden, willigt man ein zu sterben, wenn man ein solcher wird. Bei diesem Vertrag ist man weit entfernt von einer Verfügung über sein eigenes Leben, sondern denkt nur daran, es sicher zu stellen; auch kommt vermutlich hierbei keinem der Vertragschließenden der Gedanke, sich hängen zu lassen. Rousseau,»Du contrat social« II, 5. Rousseau räumt übrigens dem Staat gegenüber dem Verbrecher »als einem öffentlichen Feinde« das Recht, diesen zu töten »als Kriegsrecht« ein. [KE]
2. Weil das Leben das höchste aller Güter ist, und jeder damit einverstanden war, daß die Gesellschaft das Recht haben sollte, dem das Leben zu nehmen, der es anderen nehmen

würde. Niemand hat zweifellos der Gesellschaft das Recht geben wollen, ihm das Leben bei jeder Gelegenheit zu nehmen. Es ist aber leicht begreiflich, daß ein Mensch, der sagt: »Ich bin damit einverstanden, daß man mir das Leben nimmt, wenn ich anderen nach dem Leben trachte«, zu sich selbst sagt: »Ich werde nicht danach trachten, daher wird das Gesetz nur für und nicht gegen mich sein.« Was die Gerechtigkeit dieser Strafe anlangt, so gründet sie sich auf den Vertrag und den allgemeinen Nutzen. Ist sie notwendig, dann ist sie auch gerecht. Das Problem lautet: »Ist sie notwendig?« (Diderot) [KE]
3. Nach Kant hat die Strafe keinen anderen Zweck als an dem Verbrecher Gerechtigkeit, d. h. Wiedervergeltung zu üben; sie will diesen weder bessern noch andere abschrecken, sondern bloß strafen. Den Verbrecher zum dauernden Beispiel für andere strafen, hieße nicht, ihn als Verbrecher behandeln, sondern als Mittel zum allgemeinen Besten. Dazu habe niemand, auch nicht der Staat, das Recht. Aus dem Wiedervergeltungsrechte folge, daß in Ansehung des Mörders die Gerechtigkeit nur durch den Tod und durch keine andere Strafe gesühnt werden könne; »es gebe hier kein Surrogat der Gerechtigkeit«. Es sei keine Geichartigkeit zwischen einem noch so kummervollen Leben und dem Tode, also auch keine Gleichheit des Verbrechens und der Wiedervergeltung, als durch den am Täter gerichtlich vollzogenen, doch von aller Mißhandlung, welche die Menschheit in der leidenden Person zum Scheusal machen könnte, befreiten Tod. Mit Bezug auf Beccaria fährt nun Kant fort: »Hiergegen hat nun der Marchese Beccaria, aus teilnehmender Empfindelei einer affektierten Humanität, seine Behauptung der Unrechtmäßigkeit aller Todesstrafe aufgestellt; weil sie im ursprünglichen bürgerlichen Vertrage nicht enthalten sein könnte; denn da hätte jeder im Volk einwilligen müssen, sein Leben zu verlieren, wenn er etwa einen anderen (im Volk) ermordete; diese Einwilligung aber sei unmöglich, weil niemand über sein Leben disponieren könne. Alles Sophisterei und Rechtsverdrehung. — Im Sozialkontrakt ist gar nicht das Versprechen enthalten, sich strafen zu lassen und so über sich selbst und sein Leben zu disponieren. Denn wenn der Befugnis zu strafen ein Versprechen des Missetäters zum Grunde liegen müßte, sich strafen lassen zu wollen, so müßte es diesem überlassen werden, sich straffällig zu finden, und der Verbrecher würde sein eigener Richter sein. — Der Hauptpunkt des Irrtums dieses Sophismas besteht darin: daß es das eigene Urteil des Verbrechers (das man seiner Vernunft notwendig zutrauen muß) des

Lebens verlustig werden zu müssen für einen Beschluß des Willens ansieht, es sich selbst zu nehmen und so sich die Rechtsvollziehung mit der Rechtsbeurteilung in einer und derselben Person vereinigt vorstellt.« Kant »Die Metaphysik der Sitten« I. Teil: »Metaphysische Anfangsgründe der Rechtslehre« Allg. Anmerkung E I. [KE]
4. Montesquieu, ein prinzipieller Anhänger der Todesstrafe, hält einen Bürger dann des Todes für würdig, wenn er die Sicherheit so weit verletzt hat. daß er einem anderen das Leben genommen oder zu nehmen versucht hat. Die Todesstrafe ist nach ihm »gleichsam ein Heilmittel für die kranke Gesellschaft«. Esprit des lois XII, 4. [KE]
5. Ich unterscheide streng zwischen Recht und Macht. Ich habe das Recht am Eingang meines Buches definiert als »die Zusammenfassung aller an das Gesamtgut abgetretener Freiheitsteile«. Da nun aber nicht zu vermuten ist, daß ein Mensch dem öffentlichen Gesamtgut den Teil seiner Freiheit abgetreten habe, den er selbst zum Leben nötig hat, so kann man sich zur Begründung der Todesstrafe nicht auf das Recht berufen. Doch kann man, da in den beiden erwähnten Fällen die Todesstrafe gerecht und notwendig ist, zu ihrer Begründung die Macht anführen, und zwar die gerechte und notwendige Macht. Denn wenn sich herausstellt, daß der Tod eines Menschen für das öffentliche Wohl nützlich oder notwendig ist, so gibt das oberste Gesetz des Wohls des Volkes {salus publica suprema lex esto} die Macht ihn zum Tode zu verurteilen, und diese Macht entsteht wie der Krieg und ist »ein Kampf des Staates gegen einen einzelnen Bürger, weil er dessen Vernichtung für nützlich oder notwendig hält.« Beccaria, Risposta II, 6. [KE]
6. Die Kaiserin hatte bei ihrer Thronbesteigung 1741 das Gelübde getan, kein Todesurteil zu unterschreiben, und bis zu ihrem Tode (1762) wurden in ihrem Staate keine Todesstrafen vollstreckt. Hetzel, »Die Todesstrafe in ihrer kulturgeschichtlichen Entwicklung«. Berlin 1870, S. 140. [KE]
7. Bildliche Ausdrucksweise für »die Eisengitter des Gefängnisses«. [KE]
8. Die Gedankengänge eines im Gebüsch lauernden moslemischen Straßenräubers könnten vielleicht diese sein: »Diese Deutschen sind wirklich nur einmal dämlich — gepriesen sei Allah, der sie in Dummheit erhält — daß sie mich als Flüchtling aufnehmen und mir meine 17 Jahre glauben, wo ich doch 26 bin. In meiner Heimat ist Bürgerkrieg, ich gehe stiften und mache mir bei ihnen schöne Tage. Dort kommt so eine Deutsche Schlampe in kurzen Hosen und offenem Haar. Ich kenne

sie schon aus dem Aufnahmezentrum. Die werde ich jetzt vergewaltigen und danach ertränken, mich werden sie nie ausfindig machen. Schließlich hat Allah selbst die Ermordung der Ungläubigen befohlen. Sie ist selber schuld, warum hält sie sich nicht an unsere Gesetze. Ich vollbringe also auch eine gute Tat für den Islam, schließlich muß Deutschland ein islamischer Staat werden.« (so z. B. der Mörder der Maria Ladenburger in Freiburg i. B., ein afghanischer zweibeiniger Dreckhaufen namens Hussein Khavari.) Das Lebenslänglich mit anschließender Sicherungsverwahrung ist das Ergebnis des Aufwachens der Bevölkerung, die in der Gestalt der AfD—Fraktion einen Sprecher »bei den schon länger hier Regierenden« besitzt. Noch vor zwei Jahren hätte diese Fachkraft von der »völlig unabhängigen, nur dem Recht verpflichteten Justiz« Bewährung bekommen, wie die beiden Berliner Automörder.

9. Der Abscheu, den man gegen den Henker empfindet, ist eine Rückwirkung des Mitleids, welches der Mensch für seinesgleichen fühlt, und welches ebenso groß sein würde, wenn er es in jenem Zustande sähe, »wo der Verzweifelte nicht am Ende, sondern« am Anfang seiner Leiden steht«. Man bewaffne den Henker mit Ketten und Peitschen, man beschränke sein Amt darauf, dem Verbrecher das Leben hassenswert zu machen, der Anblick der Schmerzen, die er bereitet, wird ihn gleichfalls zum Gegenstand des Abscheus machen. Trotzdem ist die Strafe, die er den Schuldigen verbüßen läßt, nicht weniger gerecht. Der Abscheu, den man gegen ihn empfindet, ist also nicht ein Einspruch der Natur, sondern eine mechanische Bewegung, ein physischer Widerwillen, den der Mensch beim Anblick des Leidens eines Menschen empfindet, der aber keine Schlußfolgerung gegen die Güte der Gesetze zuläßt. (Diderot) [KE]

10. In der Tat ist eine lebenslängliche oder langjährige Freiheitsstrafe für Mohammedaner abschreckender als die Todesstrafe. Bei dieser, da sie von »Ungläubigen« vollstreckt würde, hätten sie Aussicht in Allahs Paradies mit den versprochenen 72 nackten Weibern zu gelangen und in der Umma als Märtyrer zu gelten und hohes Ansehen weit über ihren Tod hinaus zu genießen. Wird sie aber doch vollzogen wie bei Bin Laden, so sollte die Leiche zerstückelt werden, um die Auferstehung zu verhindern. Bei jener hingegen wird bald kein Hahn mehr nach ihnen krähen, die Zeit geht weiter, andere Helden erstehen, er kann in Jahrzehnten nun langsam in seiner Zelle verfaulen und über sein Schicksal nachdenken.

VERBANNUNG UND GÜTEREINZIEHUNG

Wer die öffentliche Ruhe stört, wer den Gesetzen, d. h. den Bedingungen, unter denen die Menschen zusammenleben und sich gegenseitig verteidigen, nicht gehorcht, muß aus der Gesellschaft ausgeschlossen, d. h. verbannt werden. Es scheint, daß die Verbannung gegen alle die ausgesprochen werden müßte, die eines schweren Verbrechens angeklagt sind, aber nicht überführt werden können, obwohl eine große Wahrscheinlichkeit für ihre Täterschaft spricht. Hierzu ist aber ein jede Willkür ausschließendes und so klar als möglich abgefaßtes Gesetz nötig, welches den, der die Nation vor die unvermeidliche Wahl gestellt hat, ihn entweder zu fürchten oder zu verletzen, zur Verbannung verurteilt, ihm jedoch auch das heilige Recht läßt, seine Unschuld nachzuweisen. Die Verbannung eines Inländers sowie eines zum ersten Mal Angeschuldigten erfordert daher gewichtigere Rechtfertigungsgründe als die eines Ausländers oder eines schon mehrmals Beschuldigten.

Muß aber seiner Güter beraubt werden, wer für immer von der Gesellschaft, deren Mitglied er war, ausgeschlossen und ausgestoßen ist? Diese Frage läßt sich von verschiedenen Gesichtspunkten aus betrachten. Der Verlust der Güter ist eine härtere Strafe als die Verbannung; es muß daher Fälle geben, in denen, je nach der Schwere der Verbrechen, der Verlust aller oder einiger Güter zulässig ist, und andere, in denen kein Güterverlust stattfindet. Der Verlust des ganzen Vermögens wird in Fällen einzutreten haben, in denen die vom Gesetze verhängte Verbannung eine derartige ist, daß sie alle Beziehungen zwischen der Gesellschaft und dem für schuldig befundenen Bürger ausschließt; dann stirbt der Bürger, und nur der Mensch besteht fort, was mit Rücksicht auf die politische Körperschaft dieselben Wirkungen äußern muß wie der natürliche Tod. Es scheint also, daß die dem Verurteilten weggenommenen Güter dessen gesetzlichen Erben zuzufallen hätten und nicht dem Fürsten, da der Tod und eine solche Verbannung für die politische Körperschaft die gleiche Bedeutung haben.

Aber nicht um dieser Spitzfindigkeit willen wage ich es, mich gegen die Gütereinziehung auszusprechen [1]. Wenn einige behauptet haben, daß die Gütereinziehung die Privatrache und die Übermacht einzelner im Zaume halte, so überlegen sie nicht, daß, wenn die Strafen auch etwas Gutes bewirken, sie deshalb nicht immer gerecht sind; denn um dies zu sein, müssen sie als notwendig erscheinen. Eine unnötige Ungerechtigkeit kann aber von dem Gesetzgeber nicht geduldet werden, der alle Pforten der stets wachsamen Tyrannei verschließen will, die durch das augenblickliche Wohl und das Glück einiger Bevorzugter zu falschen Hoffnungen verleitet, während sie über das künftige Verderben und die Tränen zahlloser Niedriggeborener hinwegsieht. Die Gütereinziehung setzt einen Preis auf den Kopf der Schwachen, läßt den Unschuldigen die Strafe des Schuldigen erleiden und versetzt sogar die Unschuldigen in die verzweifelte Zwangslage, Verbrechen zu begehen. Gibt es einen traurigeren Anblick als eine Familie, die in Schande und Unglück gerät durch die Verbrechen ihres Hauptes, deren Verhütung ihr die von den Gesetzen angeordnete Unterwerfung verbietet, selbst wenn sie dazu imstande gewesen wäre!

---

1. Montesquieu findet die Gütereinziehung in despotischen Staaten nützlich und fährt fort: »Ganz anders ist dies in den gemäßigten Staaten. Dort würden die Gütereinziehungen das Eigentum an den Gütern unsicher machen; sie würden die unschuldigen Kinder berauben; sie würden eine Familie zu Grunde richten, während es sich nur darum handelte, einen Schuldigen zu bestrafen«. Esprit des lois V, 15. [KE]

EHRLOSIGKEIT

1

Die Ehrlosigkeit ist ein Zeichen der öffentlichen Mißbilligung, die den Verbrecher von der öffentlichen Achtung, von dem Vertrauen des Vaterlands und von jener, sozusagen, brüderlichen Gesinnung ausschließt, die die Gesellschaft ihren Mitgliedern einflößt. Daher muß die Ehrlosigkeit, die das Gesetz verhängt, dieselbe sein wie die, welche aus der Natur der Dinge entspringt, dieselbe, die sich aus der allgemeinen und der besonderen Moral entwickelt, welch' letztere wieder von den besonderen Moralsystemen abhängt, die die Gesetzgeber der Volksmeinung und der von ihnen beeinflußten Nationen sind. Ist die eine von der anderen verschieden, so verliert entweder das Gesetz die öffentliche Achtung, oder es verschwinden die Begriffe von Tugend und Rechtschaffenheit trotz aller Deklamationen, die nie dem Beispiel [schlechtem Vorbild] Widerstand leisten können. Wer an sich gleichgültige Handlungen zu ehrlosen erklärt, vermindert die Ehrlosigkeit solcher Handlungen, die es wirklich sind.

Schmerzhafte körperliche Strafen dürfen nicht über Verbrechen verhängt werden, die, aus dem Stolz hervorgegangen, aus dem Schmerze selbst Ruhm und Nahrung ziehen; für solche Verbrechen paßt die Lächerlichkeit und die Ehrlosigkeit; Strafen, die den Stolz der Fanatiker durch den Stolz der Zuschauer im Zaum halten, und eine so nachhaltige Wirkung haben, daß die Wahrheit selbst nur langsam und mit Aufbietung aller Kräfte sich ihr entziehen kann. So vernichtet ein weiser Gesetzgeber dadurch, daß er Kraft der Kraft und Meinung der Meinung gegenüberstellt, die Bewunderung und Überraschung des Volkes, die auf einem falschen Grundsatze beruhen, dessen richtig abgeleitete Folgesätze ihren ursprünglichen Widersinn gewöhnlich der Menge verdecken.

Entehrende Strafe dürfen weder zu häufig noch über eine große Anzahl von Personen auf einmal verhängt werden; ersteres nicht, weil die Wirkungen der öffentlichen Meinung, wenn sie zu häufig in die Erscheinung treten, die Macht der Meinung selbst abschwächen; letzteres nicht, weil sich die Ehrlosigkeit vieler in die Ehrlosigkeit keines auflöst.

Auf diese Art verwirrt man nicht die Verhältnisse und die unabänderliche Natur der Dinge, die infolge ihrer zeitlichen Unbeschränktheit und ihres unablässigen Fortwirkens, alle beschränkten Satzungen, die von ihr abweichen, umstößt und vernichtet. Nicht allein die schönen Künste haben als Hauptgrundsatz die getreue Nachahmung der Natur, sondern auch die Staatskunst, wenigstens ist die wahre und auf Dauer berechnete Politik dieser allgemeinen Regel unterworfen, da sie ja nichts anderes ist, als die Kunst, die unveränderlichen Triebe besser zu leiten und auf ein gemeinsames Ziel zu richten.

---

1. Ich wünschte, daß der Verfasser die Unklugheit hätte hervortreten lassen, die darin liegt, daß man einen Menschen ehrlos macht und ihn dabei in Freiheit läßt. Diese sinnlose Methode bevölkert unsere Wälder mit Mördern. (Diderot) [KE]

SCHNELLIGKEIT DER BESTRAFUNG

Je rascher und näher die Strafe auf das begangene Verbrechen folgt, desto gerechter und nützlicher ist sie. Ich sage gerechter, weil sie dem Schuldigen die nutzlosen und schrecklichen Qualen der Ungewißheit erspart, die mit der Stärke der Einbildungskraft und dem Gefühle der eigenen Schwäche zunehmen; gerechter, weil die Entziehung der Freiheit eine Strafe ist und als solche dem Urteilsspruch nicht vorausgehen darf, außer wenn es unbedingt nötig ist. Die Untersuchungshaft ist also nur der einfache Gewahrsam eines Bürgers bis er für schuldig erklärt wird. Da dieser Gewahrsam in hohem Grade peinlich ist, darf er nur so kurz wie möglich dauern und keine unnötigen Härten enthalten. Das Mindestmaß der Zeit muß nach der notwendigen Dauer des Prozesses und nach der Zahl derer berechnet werden, die infolge ihrer früheren Festnahme einen Anspruch darauf haben, früher gerichtet zu werden. Die durch die Untersuchungshaft bedingten Beschränkungen dürfen nur so weit gehen als nötig ist, um die Flucht oder die Verschleppung von Beweismitteln zu verhindern. Der Prozeß muß in möglichst kurzer Zeit zu Ende geführt werden. Gibt es einen grausameren Gegensatz als die Lässigkeit eines Richters und die Angst eines Angeklagten? Die Bequemlichkeiten und Genüsse eines gefühllosen Beamten [1] auf der einen, und die Tränen und das Elend eines Gefangenen auf der anderen Seite? Im allgemeinen sollen die Schwere der Strafen und die Folgen eines Verbrechens den nachhaltigsten Eindruck auf die anderen machen, und dabei so wenig wie möglich hart für den sein, der sie erleidet. Denn die Gesellschaft kann man nicht gesetzmäßig heißen, in der nicht der Grundsatz zurecht besteht, daß sich die Menschen nur dem möglichst kleinen Übel haben unterwerfen wollen.

Ich habe gesagt, daß die Schnelligkeit der Bestrafung um so nützlicher sei, je rascher sie eintritt, weil, je kürzer der Zeitraum ist, der zwischen der Strafe und der Missetat verfließt, desto fester und dauerhafter die Verbindung der beiden Vorstellungen »Verbrechen« und »Strafe« in dem menschlichen Geiste ist, sodaß unwillkürlich die eine als die Ursache, und die andere als die notwendige und unausbleibliche Folge angesehen wird. Es ist erwiesen, daß die Ideenverbindung der Kitt ist, der das ganze Gebäude des menschlichen Geistes zusammenhält, und daß ohne sie Freude und Schmerz nur einzelstehende Gefühle sein würden, die jeder Wirkung entbehren. Je mehr sich die Menschen von den allgemeinen Ideen und allumfassenden Grundsätzen entfernen, d. h. je ungebildeter sie sind, desto mehr werden sie von den unmittelbarsten und nächstgelegenen Ideenverbindungen geleitet, während sie die entfernteren und verwickelteren außer acht lassen, die nur solchen Menschen zum Bewußtsein kommen, die ihren Zielen mit großer Begeisterung nachstreben; denn das Licht der Aufmerksamkeit erleuchtet dann nur einen einzigen Gegenstand und läßt alle übrigen im Dunkel. Ebenso kommen sie den aufgeklärten Geistern zum Bewußtsein, weil diese die Gewohnheit erlangt haben, rasch mit einem Male viele Dinge zu überschauen und mit Leichtigkeit viele entgegengesetzte Gefühle einander gegenüberzustellen, sodaß das Ergebnis, nämlich die Handlung, weniger gefährlich und ungewiß ist.

Die rasche Aufeinanderfolge von Verbrechen und Strafe ist also äußerst wichtig, wenn man will, daß in den rohen Gemütern des gemeinen Volkes bei dem verführerischen Bild eines Vorteile verheißenden Verbrechens unmittelbar auch die verwandte Idee der Strafe auftrete. Die lange Verzögerung bewirkt nur, daß sich diese beiden Ideen immer weiter von einander entfernen; und welchen Eindruck auch die Strafe eines Verbrechers macht, so macht sie ihn weniger als Strafe denn als Schauspiel, und macht ihn erst zu einer Zeit, wo der Abscheu vor dem besonderen Verbrechen, weswegen sie verhängt wird, in den Gemütern der Zuschauer bereits abgeschwächt ist, während er sonst dazu gedient haben würde, den Eindruck der Strafe zu verstärken.

Ein anderer Grundsatz dient in hervorragender Weise dazu, den wichtigen Zusammenhang zwischen Missetat und Strafe immer mehr hervortreten zu lassen, nämlich der, daß letztere so genau wie möglich der Natur des Verbrechens angepaßt sein solle. Diese Anpassung läßt den Gegensatz, der zwischen dem Anreiz zum Verbrechen und der abschreckenden Wirkung der Strafe obwalten muß, ganz besonders leicht erkennen, indem die letztere den Sinn von dem Verbrechen ableitet und zu einem Ziele führt, das dem entgegengesetzt ist, zu welchem ihn die verführerische Idee der Gesetzesübertretung verlocken wollte.

Die wegen leichterer Verbrechen Verurteilten pflegt man entweder durch das Dunkel eines Gefängnisses oder damit zu bestrafen, daß man sie in eine ferne und deshalb nutzlose Knechtschaft schickt, damit sie bei Nationen, gegen die sie sich nicht vergangen hatten, ein warnendes Beispiel geben. Insoweit sich die Menschen nicht durch die Leidenschaft eines Augenblicks dazu hinreißen lassen, die schwersten Verbrechen zu begehen, wird die öffentliche Bestrafung einer großen Missetat von den Meisten als etwas ganz Außergewöhnliches, als etwas, das ihnen unmöglich widerfahren kann, angesehen werden. Dagegen würde die öffentliche Bestrafung der leichteren Verbrechen das menschliche Gemüt, dem sie näher liegen, durch den Eindruck, den sie auf es machte, von diesen abhalten, weit mehr aber noch von jenen abschrecken. Die Strafen müssen aber nicht nur hinsichtlich ihrer Härte, sondern auch hinsichtlich der Art ihrer Auferlegung zueinander [2] und zu den Verbrechen im richtigen Verhältnis stehen.

---

1. Aber Herr Beccaria, wissen Sie denn nicht, wie überlastet die Gerichte sind???
2. Es ist wesentlich, daß die Strafen zueinander im richtigen Verhältnis stehen, weil es wesentlich ist, daß man eher ein großes als ein geringeres Verbrechen, daß man eher das verhütet, was die Gesellschaft mehr angreift als das, was sie minder beleidigt. Montesquieu Esprit des lois VI, 16. [KE]

GEWISSHEIT UND UNAUSBLEIBLICHKEIT DER STRAFEN. BEGNADIGUNG

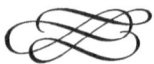

Eines der wirksamsten Mittel, die Verbrechen einzuschränken, ist nicht die Grausamkeit, sondern die Unausbleiblichkeit der Strafen und folglich die Wachsamkeit der Behörden, sowie jene Strenge eines unerbittlichen Richters, die, um eine nützliche Tugend zu sein, von einer milden Gesetzgebung begleitet sein muß. Die Gewißheit einer, wenn auch mäßigen Bestrafung macht einen größeren Eindruck als die Furcht vor einer viel schrecklicheren, die aber mit der Hoffnung auf Straflosigkeit gepaart ist. Denn selbst die kleinsten Übel flößen, sofern sie gewiß eintreten, den Menschen Furcht ein, während die Hoffnung, diese Himmelsgabe, die uns oft alles ersetzt, die Vorstellung selbst der größten Übel immer fern von ihnen hält, namentlich wenn die Straflosigkeit, die oft aus Habsucht und Schwäche gewährt wird, ihre Kraft vermehrt.

Einige erlassen die Strafe für ein kleines Vergehen, wenn der beleidigte Teil es verzeiht. Diese Handlungsweise ist zwar sehr wohltätig und menschlich, widerspricht aber dem öffentlichen Wohle. Als ob ein Bürger als Privatmann durch seine Verzeihung ebenso die Notwendigkeit des Beispiels aufheben könnte, wie er die Buße für die ihm widerfahrene Beleidigung erlassen kann. Die Befugnis zu strafen ist nicht Sache eines einzelnen, sondern aller Bürger oder des Souveräns. Der einzelne kann nur auf seinen Anteil an diesem Rechte verzichten, nicht aber den der anderen aufheben.

Je milder die Strafen werden, desto weniger notwendig sind Begnadigung und Verzeihung. Glücklich die Nation, in der sich beide als schädlich erwiesen! Die Gnade also, jene Tugend, die manchmal für einen Herrscher die Ergänzung aller Regentenpflichten gebildet hat, sollte bei einer vollkommenen Gesetzgebung, bei der die Strafen milde, sowie das Gerichtsverfahren geregelt und rasch ist, ausgeschlossen sein [1]. Diese Wahrheit wird demjenigen hart erscheinen, der unter einem ungeordneten Strafsystem lebt, wo Verzeihung und Gnade ebenso notwendig wie die Gesetze widersinnig und die Verurteilungen grausam sind. Die Gnade ist das schönste Vorrecht des Thrones, sie ist die wünschenswerteste Eigenschaft der Souveränität, sie ist aber auch der stumme Ausdruck der Mißbilligung, den die wohltätigen Spender des öffentlichen Wohles gegenüber einem Gesetzbuch an den Tag legen, das bei allen seinen Unvollkommenheiten das Vorurteil von Jahrhunderten, die bändereiche und ehrfurchteinflößende Ausstattung mit einer Unzahl von Erklärern, das ernste Gepränge endloser Förmlichkeiten und die Anhänglichkeit der aufdringlichsten und harmlosesten Halbgelehrten auf seiner Seite hat.

Man bedenke aber, daß die Milde eine Tugend des

Gesetzgebers und nicht des Vollstreckers der Gesetze ist, daß sie aus dem Gesetzbuche und nicht aus den einzelnen Erkenntnissen hervorstrahlen soll, und daß, wenn man den Menschen zeigt, daß Verbrechen verziehen werden können oder die Strafe nicht deren notwendige Folge ist, dies die Hoffnung auf Straflosigkeit nähren heißt und den Glauben erweckt, als seien, da eine Verzeihung möglich ist, Verurteilungen ohne darauffolgende Begnadigung eher ein Übergriff der Gewalt denn ein Ausfluß der Gerechtigkeit [2]. Was soll man aber dazu sagen, wenn der Fürst Begnadigungen verfügt, d. h. die öffentliche Sicherheit einem einzelnen aufopfert, und wenn ein Privatakt unüberlegter Wohltätigkeit eine allgemeine Straflosigkeitserklärung darstellt. Unerbittlich müssen daher die Gesetze, unerbittlich ihre Vollstrecker in den einzelnen Fällen sein; dagegen sei der Gesetzgeber milde, nachsichtig und menschlich. Als geschickter Baumeister errichte er sein Gebäude auf der Grundlage der Eigenliebe, und das allgemeine Interesse sei das Ergebnis der Einzelinteressen; dann wird er nicht gezwungen sein, durch parteiische Gesetze und durch unüberlegte Mittel jeden Augenblick das öffentliche Wohl von demjenigen der einzelnen zu trennen, und das Bild der öffentlichen Wohlfahrt auf der Furcht und dem Mißtrauen zu errichten. Als tief denkender und gefühlvoller Philosoph lasse er die Menschen, seine Brüder, sich des kleinen Teils von Glückseligkeit erfreuen, das ihnen die unermeßliche, von dem Urgrund aller Dinge, von Ihm, der ist, festgestellte Weltordnung in diesem Winkel des Weltalls zukommen läßt.

1. Beccaria ist der erste Schriftsteller, der den Gebrauch des Begnadigungsrechtes getadelt und seine Abschaffung gefordert hat. Montesquieu nennt die Begnadigungsbriefe »eine große Triebfeder der gemäßigten Regierungen«, und führt fort: »Diese Macht, zu verzeihen, die der Fürst hat, kann bei kluger Anwendung wunderbare Wirkungen hervorrufen.« Esprit des lois VI, 16. Ebenso räumt Rousseau (Contrat social II, 5) dem Souverän das Begnadigungsrecht ein. [KE]
2. Der hierzulandige Richter, falls ein krimineller »Flüchtling« vor ihm steht, umgeht dieses Problem, indem er eine Bewährungsstrafe verhängt. Somit ist der Gerechtigkeit Genüge getan, aber aus Sicht des Kriminellen ist es ein Freispruch. »Allen Menschen recht getan, ist eine Kunst« — die nur ein Deutscher Richter kann.

FREISTÄTTEN

Ich habe noch zwei Fragen zu prüfen: erstens, ob die Freistätten [1] gerecht sind, und zweitens, ob ein Vertrag zwischen den Nationen, sich gegenseitig die Verbrecher auszuliefern, nützlich sei oder nicht.

Innerhalb der Grenzen eines Landes darf kein Ort sein, der nicht den Gesetzen untersteht [2]. Ihre Macht muß jedem Bürger wie der Schatten seinem Körper folgen. Straflosigkeit und Freistätten sind mehr oder weniger dasselbe. Und da der Eindruck der Strafen mehr auf der Gewißheit ihres Eintretens als auf ihrer Härte beruht, so verleiten die Freistätten weit mehr zu den Verbrechen als die Strafen davon zurückhalten. Die Freistätten vermehren heißt ebensoviele kleine Souveränitäten gründen, weil da, wo keine Gesetze herrschen, sich neue und den allgemeinen Gesetzen entgegengesetzte bilden können, und somit ein Geist, der demjenigen des ganzen Gesellschaftskörpers widerstreitet, aufkommen kann. Die Geschichte aller Länder zeigt, daß von den Freistätten große Umwälzungen in den Staatsverhältnissen und den Meinungen der Menschen ihren Ausgang nahmen.

Manche haben die Ansicht vertreten, daß ein Verbrechen, d. h. eine gesetzwidrige Handlung, bestraft werden könne ohne Rücksicht auf den Ort, wo es begangen wurde. Als ob die Untertaneneigenschaft unzerstörbar, d. h. gleichbedeutend, ja noch schlimmer als die eines Sklaven, sei; als ob jemand Untertan eines Staates sein und in einem anderen wohnen könnte, und als ob ohne Widerspruch seine Handlungen zwei Souveränen und zwei oft sich widersprechenden Gesetzbüchern unterstehen könnten! Ebenso glauben einige, daß eine Untat, die beispielsweise in Konstantinopel begangen wurde, in Paris bestraft werden könne, aus dem spitzfindigen Grunde, daß, wer sich an der Menschheit vergeht, auch die Feindschaft der ganzen Menschheit und den allgemeinen Abscheu verdiene; als ob die Richter die Rächer der Empfindsamkeit der Menschen und nicht vielmehr der Verträge seien, die sie untereinander verbinden. Der Ort der Strafe ist auch der Ort des Verbrechens; denn dort allein, und nirgends sonst, sind die Menschen gezwungen, einem einzelnen ein Leid zuzufügen, um der Verletzung aller vorzubeugen. Ein Verbrecher, der nicht die Verträge der Gesellschaft gebrochen hat, der er angehört, kann gefürchtet und von der obersten Gewalt der Gesellschaft verbannt und ausgeschlossen, jedoch nicht nach den Förmlichkeiten der Gesetze bestraft werden, die nur die verletzten Verträge, nicht aber die einer Handlung zu Grunde liegende Schlechtigkeit zu rächen haben.

Die Frage, ob es nützlich ist, wenn die Staaten sich gegenseitig ihre Verbrecher ausliefern, möchte ich nicht zu entscheiden wagen, ehe die Gesetze den Bedürfnissen der Menschheit besser entsprechen, die Strafen milder geworden sind, die Herrschaft der Willkür und der Meinungen gebrochen und die unterdrückte Unschuld, sowie die angefeindete Tugend sichergestellt sind, ehe die Tyrannei gänzlich von der allgemeinen Vernunft, die immer mehr die Interessen des Thrones und der Untertanen vereinigt, in die weiten Wüsten Asiens verbannt ist [3]. Gleichwohl wäre die Überzeugung, daß auch nicht eine Spanne Landes zu finden sei, wo wirkliche Verbrechen straflos bleiben, ein höchst wirksames Mittel, diese zu verhindern.

---

1. Der Begriff ist nur noch historisch. Freistätten sind z. B. heilige Orte oder Tempel, in denen ein Verfolgter Schutz genießt.
2. Das sogenannte Kirchenasyl, eine Amtsanmaßung der örtlichen Pastoren, verleiht an Ausreisepflichtige ein Bleiberecht. Justizminister Heiko Maas ist zu sehr mit dem Reichsnetzwerkdurchsuchungsgesetz (Kampf gegen Rechts!) befaßt, als daß er sich um solchen Quark auch noch kümmern könnte. Auch das zweite angewandte Rechtssystem im Staat, die Scharia, stört ihn keineswegs.
3. Da kannst Du aber lange warten, jetzt kommen die weiten Wüsten Asiens zu uns — Deutschland ist die Restmülltonne des Islams.

VON DEM AUSSETZEN EINES PREISES AUF DEN KOPF EINES VERBRECHERS

1

Eine andere Frage ist die, ob es nützlich ist, einen Preis auf den Kopf eines als Verbrecher erkannten Menschen zu setzen, und so aus jedem Bürger, indem man ihm eine Waffe in die Hand gibt, einen Henker zu machen [2]. Entweder befindet sich der Verbrecher außerhalb oder innerhalb der Grenzen. In dem ersten Falle stiftet der Souverän die Bürger zur Begehung eines Verbrechens an und setzt sie der Bestrafung aus. Er beleidigt auf diese Weise einen fremden Staat und maßt sich eine Autorität auf dessen Gebiet an und ermächtigt hierdurch die anderen Nationen, ein Gleiches ihm gegenüber zu tun; im zweiten Fall verrät er seine eigene Schwäche. Wer die Kraft hat, sich zu verteidigen, sucht sie nicht erst zu erkaufen. Außerdem stößt ein solcher Erlaß alle Begriffe von Moral und Tugend um, die ohnehin der leichteste Windeshauch aus dem menschlichen Sinn zu verwehen vermag. Bald laden die Gesetze zum

Verrat ein und bald bestrafen sie ihn. Mit der einen Hand knüpft der Gesetzgeber die Bande der Familie, der Verwandtschaft und der Freundschaft fester, und mit der anderen belohnt er den, der sie zerreißt und bricht [3]. Immer mit sich selbst im Widerspruch, fordert er bald die mißtrauischen Gemüter der Menschen zu gegenseitigem Vertrauen auf, bald streut er das Mißtrauen in aller Herzen; anstatt einem Verbrechen vorzubeugen, veranlaßt er deren hundert. Dies sind die Hilfsmittel schwacher Nationen, deren Gesetze nur augenblickliche Ausbesserungen eines baufälligen Gebäudes sind, das auf allen Seiten schwankt und einzustürzen droht.

Je mehr die Aufklärung einer Nation zunimmt, desto notwendiger werden Treue und Glauben, sowie gegenseitiges Vertrauen, die dann auch mehr und mehr sich mit der wahren Politik zu vermischen streben, während Kunstgriffe, Ränke, Winkelzüge und krumme Wege meistens vorher durchschaut werden und der Gemeinsinn den Eigennutz abschwächt. Selbst die Jahrhunderte der Unwissenheit, in denen die öffentliche Moral die Menschen zwang, der privaten zu gehorchen, dienen den aufgeklärten Jahrhunderten zur Belehrung und zum warnenden Beispiel. Aber die Gesetze, die den Verrat belohnen und einen geheimen Krieg dadurch hervorrufen, daß sie gegenseitiges Mißtrauen unter den Bürgern verbreiten, stellen sich dieser so notwendigen Vereinigung von Moral und Politik entgegen, der die Menschen ihr Glück, die Völker den Frieden und die ganze Welt eine längere Zeit der Ruhe und der Erholung von all' den Leiden, die über sie ergangen sind, verdanken würden.

1. Wörtlich: Von dem Kopfgeld (della taglia). [KE]
2. Ich wollte, daß der Gebrauch, einen Preis auf den Kopf eines Verbrechers zu setzen, bei den unmenschlichsten und insbesondere bei den Verbrechen beibehalten würde, die »unmittelbar den Untergang der Gesellschaft herbeiführen [herbeizuführen versuchen]. Vgl. § 25 (Diderot). [KE]
3. Der Merkel—Maas—Kahane—Spitzelstaat im Kampf gegen »Haßparolen«

VERHÄLTNIS ZWISCHEN VERBRECHEN UND STRAFE

Das allgemeine Interesse erfordert nicht nur, daß keine Verbrechen begangen werden, sondern auch, daß sie desto seltener vorkommen, je größer der Schaden ist, den sie der Gesellschaft zufügen. Daher müssen die Hindernisse, die die Menschen von den Verbrechen zurückhalten, um so größer sein, je mehr diese das öffentliche Wohl gefährden, und einen je größeren Reiz ihre Begehung ausübt. Daher müssen die Strafen in einem bestimmten Verhältnis zu den Verbrechen stehen.

Wenn Freude und Schmerz die Triebfedern der mit Gefühl begabten Wesen sind, wenn unter den Beweggründen, die die Menschen auch zu den erhabensten Taten anspornen, von dem unsichtbaren Gesetzgeber Belohnung und Strafe auserkoren wurden, so muß aus der unangemessenen Verteilung der Strafen jener — zwar selten bemerkte, aber um so verbreitetere — Widerspruch entstehen, daß die Strafen die Verbrechen bestrafen, die sie selbst hervorgerufen haben. Wenn eine gleiche Strafe auf zwei Verbrechen gesetzt ist, die der Gesellschaft ungleich großen Schaden zufügen, so werden die Menschen kein stärkeres Hindernis bei der Begehung des schwereren Verbrechens finden, wenn sie mit diesem einen größeren Vorteil für sich verbunden sehen [1]. Wer sieht, daß die Todesstrafe in gleicher Weise den trifft, der beispielsweise einen Fasanen tötet, wie den, der einen Menschen umbringt oder ein wichtiges Schriftstück fälscht, wird bald keinen Unterschied mehr zwischen diesen Verbrechen machen, sodaß auf diese Weise die sittlichen Gefühle, ein Werk vieler Jahrhunderte und vielen Blutvergießens, vernichtet werden, Gefühle, die sich nur langsam und schwer dem Menschen anerziehen ließen, und zu deren Erweckung man die Hilfe der erhabensten Beweggründe und ein großes Gepränge ernster Förmlichkeiten notwendig zu haben glaubte.

Unmöglich können alle Übelstände bei dem allgemeinen Kampf der menschlichen Leidenschaften vermieden werden. Diese wachsen vielmehr um so stärker an, je mehr die Bevölkerung zunimmt und die Privatinteressen sich durchkreuzen, da es nicht möglich ist, sie mit mathematischer Sicherheit auf die allgemeine Wohlfahrt hinzulenken. An die Stelle der mathematischen Genauigkeit muß bei der politischen Arithmetik die Wahrscheinlichkeitsrechnung treten. Ein Blick auf die Geschichte lehrt, daß die Übelstände mit den Grenzen der Reiche zunehmen; und da in demselben Maße das Nationalgefühl abnimmt, so wächst der Antrieb zum Verbrechen mit dem Vorteil, den jeder aus den Unordnungen zieht. Deshalb wird die Notwendigkeit, aus diesem Grunde die Strafen zu verschärfen, immer größer.

Jene der Schwere ähnliche Kraft, die uns zu unserem Wohlbefinden hintreibt, wird nur in dem Maße aufgehalten als man ihr Hindernisse entgegenstellt. Die Wirkungen dieser Kraft bilden die wirre Reihe menschlicher Handlungen; wenn diese sich gegenseitig reiben und in den Weg treten, so verhindern die Strafen, die ich politische Hindernisse nennen möchte, ihre schlimme Wirkung, ohne die treibende Ursache zu zerstören, die das von dem Menschen unzertrennliche Empfindungsvermögen ist, und der Gesetzgeber verfährt hierbei wie ein geschickter Baumeister, dessen Aufgabe darin besteht, der zerstörenden Richtung der Schwerkraft einen Widerstand zu bieten, und ihre zur Festigkeit des Gebäudes beitragenden Wirkungen zusammenzufassen.

Ist die Notwendigkeit menschlicher Vereinigungen gegeben, sind die Verträge gegeben, die notwendiger Weise eben aus dem Widerstreite der Privatinteressen entstehen, so findet man eine Stufenleiter von Ordnungswidrigkeiten, auf deren oberster Stufe diejenigen stehen, die unmittelbar den Umsturz der Gesellschaft herbeiführen, während die unterste die allergeringste einem einzelnen ihrer Mitglieder zugefügte Ungerechtigkeit einnimmt. Zwischen diesen beiden Endpunkten liegen alle dem öffentlichen Wohle zuwiderlaufenden Handlungen, die Verbrechen heißen und in unmerklichen Abstufungen von dem höchsten zum niedrigsten Grade herabsteigen. Ließe sich die Geometrie auf die unzähligen und dunkeln Zusammensetzungen der menschlichen Handlungen anwenden, so müßte es auch eine entsprechende Stufenleiter von Strafen geben, die von der schwersten bis zu der leichtesten herabstiege; gäbe es aber eine genaue und umfassende Stufenleiter der Strafen und Verbrechen, dann hätte man auch ein zuverlässiges gemeinsames Maß für den Grad der Tyrannei oder Freiheit, für den humanen oder boshaften Charakter der verschiedenen Nationen. Dem weisen Gesetzgeber genügt es indessen, die Hauptpunkte in der richtigen Anordnung anzugeben, indem er auf die Verbrechen des ersten Grades nicht die Strafen des untersten setzt.

---

1. Es ist ein großer Mißstand bei uns, daß wir denjenigen, der auf einer Landstraße stiehlt, dieselbe Strafe erdulden lassen wie den, welcher einen Raubmord begeht. Es ist einleuchtend, daß man mit Rücksicht auf die öffentliche Sicherheit einen Unterschied in der Strafe eintreten lassen müßte. Montesquieu, Esprit de lois VI, 16. [KE]

MASSSTAB DER VERBRECHEN

Wir haben gesehen, welches der wahre Maßstab der Verbrechen ist, nämlich der der Gesellschaft zugefügte Schaden [1]. Dies ist eine jener handgreiflichen Wahrheiten, die, obwohl es zu ihrer Entdeckung weder Quadranten noch Teleskope bedarf und zu ihrem Verständnis ein nur mittelmäßiger Verstand erforderlich ist, trotzdem infolge einer merkwürdigen Verkettung von Umständen mit völliger Bestimmtheit nur von einigen wenigen Denkern jedes Volks und jedes Jahrhunderts erkannt wurden. Aber die asiatischen Anschauungen [2] und die Leidenschaften, die sich in den Deckmantel des Ansehens und der Macht hüllten, haben, meist durch unmerkliche Antriebe, hier und da auch durch gewaltsame Einwirkungen auf die furchtsame Leichtgläubigkeit der Menschen, die einfachen Begriffe zerstört, die vielleicht die erste Philosophie der entstehenden Gesellschaften ausmachten, und zu denen uns die Aufklärung des gegenwärtigen Jahrhunderts zurückzuführen scheint, jedoch mit jener größeren Sicherheit, die eine mathematisch genaue Prüfung, tausend schlimme Erfahrungen und selbst Hindernisse zu gewähren vermögen.

Diejenigen irrten, die glaubten, daß der wahre Maßstab der Verbrechen die Absicht derer sei, die sie begehen; diese hängt von dem Eindruck ab, den die Gegenstände im Augenblick der Tat auf den Verbrecher machen, und von dessen vorausgehender Gemütsstimmung. Beide sind aber bei allen Menschen, ja bei dem einzelnen, wegen der raschen Aufeinanderfolge der Vorstellungen, Leidenschaften und Umstände verschieden. Es wäre also nicht allein für jeden einzelnen Bürger ein besonderes Gesetzbuch, sondern auch für jedes begangene Verbrechen ein neues Gesetz erforderlich. Manchmal verursachen die Menschen in der besten Absicht der Gesellschaft den größten Schaden, während sie ihr bisweilen in der schlechtesten Absicht den größten Dienst erweisen.

Andere bemessen die Verbrechen mehr nach der Würde der verletzten Person als nach ihrer Bedeutung für das öffentliche Wohl. Wäre dieses der wahre Maßstab der Verbrechen, so müßte eine Unehrerbietigkeit gegen das Wesen aller Wesen weit härter bestraft werden als der Königsmord, da ja die Erhabenheit der göttlichen Natur den Unterschied der Verletzung in weitestem Maße ausgleichen würde. Endlich sind einige der Ansicht, daß die Schwere der Sünde [3] bei der Bemessung der Strafe ins Gewicht falle. Die Irrigkeit dieser Ansicht wird jedem in die Augen springen, der die wahren Beziehungen der Menschen zueinander und der Menschen zu Gott unparteiisch prüft. Die ersteren sind Beziehungen der Gleichheit. Die Notwendigkeit allein hat, aus dem Zusammenstoß der Leidenschaften und dem Widerstreit der Interessen den Begriff des allgemeinen Nutzens, der die Grundlage der menschlichen Gerechtigkeit ist, entstehen lassen. Die letzteren sind Beziehungen der Abhängigkeit von einem vollkommenen Wesen, das uns erschaffen und sich allein das Recht vorbehalten hat, zu gleicher Zeit Gesetzgeber und Richter zu sein, weil es allein beides sein kann, ohne daß ein Übelstand daraus erwüchse. Wenn es ewige Strafen über die verhängt hat, welche sich seiner Allmacht nicht beugen, welcher Wurm wird wagen, der göttlichen Gerechtigkeit vorzugreifen und das sich selbst genügende Wesen rächen zu wollen, auf das kein Gegenstand einen freudigen oder schmerzlichen Eindruck machen kann, und das allein von allen Wesen wirken kann, ohne eine Gegenwirkung zu verspüren? Die Schwere der Sünde hängt von der unerforschlichen Bosheit des Herzens ab: diese kann von beschränkten Wesen ohne Offenbarung nicht ergründet werden; wie kann man also sie zur Norm für die Bestrafung der Verbrechen nehmen? In diesem Falle könnte es ja vorkommen, daß die Menschen strafen, wo Gott verzeiht, und verziehen, wo Gott straft. Können die Menschen mit dem Allmächtigen in Widerspruch geraten, wenn sie ihn beleidigen, so können sie es auch, wenn sie strafen.

---

1. Unter der Bezeichnung »Schaden« muß man ganz allgemein jede Art des der Gesellschaft — sei es durch die Handlung an sich, sei es durch das Beispiel — zugefügten Schadens verstehen. Risposta I, 11. [KE]
2. Asiatische Anschauungen sind die Anschauungen des Despotismus und der Sklaverei; diese sind bald mit Gewalt, bald mit milderem, aber andauerndem Druck befestigt worden und haben den Geist der Menschen bei allen Nationen, die das Unglück hatten, ihn zu erproben, den Sinn der Menschen

derart verdunkelt, daß sie die handgreiflichsten Wahrheiten, darunter die, daß der der Gesellschaft zugefügte Schaden der einzige Maßstab der Verbrechen sei, nicht einsahen. Es liegt im Interesse eines jeden Tyrannen, daß dieser Grundsatz nicht Wurzel faßt, da er ihm die Willkür nimmt, nach seiner Laune zu bestrafen. Aber die Aufklärung dieses Jahrhunderts, die immer mehr die Interessen des Herrschers mit denen der Untertanen vereinigt, führt uns von neuem zu der Einsicht dieser Wahrheit. Risposta I, 23. [KE]

3. Verbrechen und Sünde sind etwas ganz verschiedenes. Jedes Verbrechen ist eine Sünde, weil uns Gott befiehlt, keine dem öffentlichen Wohle zuwiderlaufende Handlung zu begehen; aber nicht jede Sünde ist ein Verbrechen, weil manche Handlungen, die den Beziehungen zwischen Gott und uns widerstreben, für das öffentliche Wohl gleichgültig sein können; so hat z. B. der, welcher ein vermessenes Urteil fällt, ohne es auszusprechen, eine Sünde begangen, aber kein Verbrechen. — Zwei Menschen haben einen Einbruch versucht; der eine findet den Schrank leer, der andere findet Geld und nimmt es an sich; die böse Absicht ist in beiden Fällen gleich; obwohl auch die Sünde an sich gleich ist, so ist der der Gesellschaft zugefügte Schaden ungleich, und deshalb sind es auch die Verbrechen. Risposta I, 11. Vgl. auch § 35 letzten Absatz. § 24. [KE]

EINTEILUNG DER VERBRECHEN

Einige Verbrechen führen unmittelbar den Untergang der Gesellschaft oder dessen herbei, der sie vertritt, andere verletzen die Sicherheit des einzelnen Bürgers im Hinblick auf sein Leben, seine Güter oder seine Ehre; wieder andere bestehen in Handlungen, die mit dem nicht in Einklang stehen, was ein jeder mit Rücksicht auf das allgemeine Wohl zu tun oder zu lassen verpflichtet ist.

Jede Handlung, die nicht in den beiden oben angegebenen Grenzen [1] einbegriffen ist, kann weder Verbrechen genannt, noch als solches bestraft werden, außer von denen, die ein Interesse daran haben, sie so zu nennen. Die Unsicherheit dieser Grenzen hat bei den Völkern eine Moral hervorgerufen, die mit der Gesetzgebung im Widerspruch steht; sie hat bewirkt, daß mehrere Gesetzgebungen der Gegenwart sich gegenseitig ausschließen; sie ließ eine Menge von Gesetzen entstehen, die den Rechtschaffensten den härtesten Strafen aussetzen. Infolge hiervon sind die Begriffe Laster und Tugend unklar und schwankend geworden, und weiter ist hieraus die Unsicherheit der eigenen Existenz entstanden, die ihrerseits die für den politischen Körper so verderbliche Teilnahmslosigkeit und Untätigkeit erzeugt.

Die Überzeugung, die jeder Bürger haben muß, daß er alles tun könne, was nicht den Gesetzen zuwiderläuft, ohne einen anderen Nachteil fürchten zu müssen als den, der ihm aus der Handlung selbst erwächst, ist das politische Dogma, das von den Völkern geglaubt und von den obersten Behörden durch unwandelbares Festhalten am Gesetze verkündet werden sollte; ein heiliges Dogma, ohne welches eine gesetzmäßige Gesellschaft undenkbar ist; ein gerechter Ersatz dafür, daß die Menschen auf die jedem fühlenden Wesen zustehende Freiheit verzichteten, über alle Dinge, so weit nur die eigenen Kräfte keine Schranken bieten, frei zu verfügen. Dieses Dogma macht die Gemüter frei und kräftig, klärt die Geister auf und verleiht den Menschen Tugend, und zwar jene Tugend, die keine Furcht kennt, nicht jene geschmeidige Klugheit, die nur für solche paßt, die eine unsichere und allzeit widerrufliche Existenz ertragen können.

Wer mit philosophischem Blick die Gesetzbücher der Nationen und ihre Geschichte liest, der wird finden, daß fast immer die Bezeichnungen als Laster oder Tugend, als guter Bürger oder Verbrecher mit den Umwälzungen der Jahrhunderte ihre Bedeutung wechseln. Dieser Wechsel ist aber nicht beeinflußt von den Veränderungen, die in den Verhältnissen der Länder eintreten und demgemäß immer mit dem allgemeinen Interesse übereinstimmen, sondern von den Leidenschaften und Irrtümern, die nacheinander auf die verschiedenen Gesetzgeber eingewirkt haben [2].

Man wird oft genug die Wahrnehmung machen, daß die Leidenschaften eines Jahrhunderts die Grundlage der Moral der künftigen Jahrhunderte bilden, daß die heftigen, dem Fanatismus und dem Enthusiasmus entsprungenen Leidenschaften — geschwächt und gewissermaßen durch die, alle physischen und moralischen Erscheinungen wieder ins Gleichgewicht bringende Zeit gemildert — nach und nach zur Klugheit des Jahrhunderts und ein nützliches Werkzeug in der Hand des Starken und Gewandten werden. Auf diese Weise entstanden die höchst dunkeln Begriffe von Ehre und Tugend. Und sie haben sich noch nicht geklärt, weil sie sich mit den Umwälzungen der Zeit, die die Namen der Dinge diese überleben läßt, verändern, weil sie mit den Flüssen und Gebirgen wechseln, die sehr häufig nicht nur die Grenzen in der physischen, sondern auch in der moralischen Geographie bilden.

---

1. Vgl. § 23. [KE]
2. Wer im Deutschland der Lügenkanzlerin Merkel auf dem Boden des Grundgesetzes steht und es verteidigt, wird als Nazi beschimpft; die echten Nazis (Antifa, die Rote SA) werden hingegen staatlich gefördert.

MAJESTÄTSVERBRECHEN

Die ersten und schwersten, weil gefährlichsten Verbrechen sind die sogenannten Majestätsverbrechen. Nur Tyrannei [1] und Unwissenheit, die selbst die klarsten Worte und Begriffe verwirren, können mit diesem Namen und demgemäß mit der höchsten Strafe Verbrechen von verschiedener Art belegen, und so die Menschen, wie bei tausend anderen Gelegenheiten, zu Opfern eines Wortes machen. Jedes auch nur gegen eine Privatperson gerichtete Verbrechen verletzt die Gesellschaft, aber nicht jedes Verbrechen bezweckt auch ihre Vernichtung. Moralische wie physische Tätigkeiten haben ihren begrenzten Wirkungskreis und sind, wie alle natürlichen Bewegungen, von Zeit und Raum verschiedenartig begrenzt. Daher kann nur die spitzfindige Auslegung, die gewöhnlich die Philosophie der Sklaverei ist, das verwirren, was die ewige Wahrheit durch unverrückbare Grenzen voneinander geschieden hat.

1. Es genügt, daß der Begriff »Majestätsverbrechen« dehnbar sei, damit eine Regierung in Despotismus ausarte. Montesquieu, Esprit des lois XII, 7. [KE]

VERBRECHEN GEGEN DIE SICHERHEIT DES EINZELNEN BÜRGERS. GEWALTTÄTIGKEITEN

Nach diesen kommen die gegen die Sicherheit des einzelnen Bürgers gerichteten Verbrechen. Da aber diese das erste Ziel gesetzmäßiger Vereinigung ist, so kann die Verletzung des jedem Bürger zustehenden Rechtes auf Sicherheit nur mit einer der härtesten von den Gesetzen vorgeschriebenen Strafen belegt werden.

Diese Verbrechen sind teils gegen die Person, teils gegen das Vermögen gerichtet. Erstere müssen unter allen Umständen mit Leibesstrafen [Gefängnisstrafe] bestraft werden.

Die Angriffe auf die Sicherheit und die Freiheit der Bürger gehören mithin zu den schwersten Verbrechen; und unter diese Klasse fallen nicht nur die Morde und Diebstähle, die von gemeinen Leuten verübt werden, sondern auch die der Großen und Beamten, deren Einfluß auf weitere Entfernung und mit größerer Kraft wirkt, da er bei den Untertanen die Begriffe von Gerechtigkeit und Pflicht zerstört und an deren Stelle das Recht des Stärkeren setzt, das für den, der es übt, ebenso gefährlich ist, wie für den, der darunter leidet.

Weder der Vornehme noch der Reiche darf seine Angriffe gegen den Schwachen und Armen mit Geld sühnen, weil sonst die Reichtümer, die unter dem Schutze der Gesetze eine Belohnung für den Fleiß sind, eine Stütze der Tyrannei würden. Es gibt keine Freiheit, bei der die Gesetze es gestatten, daß unter gewissen Umständen der Mensch aufhörte Person zu sein und zur Sache wird: denn dann kann man wahrnehmen wie der Mächtige sein ganzes Bestreben darauf richtet, aus der Menge der bürgerlichen Wechselbeziehungen diejenigen hervortreten zu lassen, bei denen das Gesetz zu seinen Gunsten spricht. Diese Entdeckung ist das Zaubergeheimnis, das die Menschen in Lasttiere verwandelt, und in der Hand des Starken die Kette wird, mit der dieser die Handlungen der Unvorsichtigen und Schwachen fesselt.

Dies ist der Grund, weshalb in einigen Staaten, die dem Anschein nach eine freiheitliche Regierungsform haben, die Tyrannei im Verborgenen herrscht, oder sich doch unversehens in einen von dem Gesetzgeber unbeachtet gelassenen Winkel einschleicht, wo sie unbemerkt an Kraft gewinnt und zunimmt. Die Menschen stellen meistens der offenen Tyrannei die festesten Dämme entgegen, aber sie sehen nicht den unscheinbaren Wurm, der diese durchwühlt und dem überschwemmenden Flusse einen Weg bahnt, der um so sicherer ist, je verborgener er liegt.

Welche Strafen werden daher über die Verbrechen der Adeligen zu verhängen sein, deren Vorrechte ja einen großen Teil der Gesetzgebung der Nationen ausmachen? Ich werde hier nicht untersuchen, ob die hergebrachte Unterscheidung zwischen Adeligen und

Bürgerlichen bei irgend einer Regierungsform nützlich, in der Monarchie aber notwendig sei; ob es wahr ist, daß der Adel eine Zwischenmacht bildet, welche die Ausschreitungen der beiden äußersten Gegensätze einschränkt, oder ob er nicht vielmehr eine Kaste darstellt, die als Sklave ihrer selbst und Anderer allen Umlauf des Ansehens und der Hoffnung auf einen ganz engen Kreis beschränkt, gleich jenen fruchtbaren anmutigen [anmutenden] Gasen, die in den weiten Sandwüsten Arabiens auftauchen; ob, wenn es wahr wäre, daß die Ungleichheit unvermeidlich oder doch in der menschlichen Gesellschaft von Nutzen ist, es gleichfalls wahr sei, daß sie auf den Kasten [Ständen] und nicht vielmehr auf den einzelnen Individuen beruhen müsse, ob sie nicht in dem ganzen politischen Körper ihren Umlauf nehmen sollte, anstatt sich in einem Teile desselben festzusetzen, ob sie nicht besser beständig werden als unaufhörlich entstehen und immer wieder vergehen sollte. Ich werde mich bloß auf die Strafen beschränken, die dieser Kaste zukommen, und behaupte, daß sie die gleichen für den ersten wie für den letzten Bürger sein müssen.

Jede Auszeichnung, sie bestehe in Ehren oder Reichtümern, setzt, um begründet zu sein, eine vorhergehende Gleichheit vor den Gesetzen voraus, die alle ihre Untertanen als gleichmäßig von sich abhängig betrachten. Man muß annehmen, daß die Menschen, die auf den ihnen im Naturzustand eigenen Despotismus verzichteten, also gesagt haben: »Wer am fleißigsten sein wird, dem sollen die größten Ehren zu teil werden, und sein Ruhm soll sich auf seine Nachkommen fortpflanzen. Wer aber glücklicher und geehrter als die anderen ist, mag größere

Hoffnungen hegen, aber er soll darum nicht weniger als die anderen fürchten, die Verträge, die ihn über die anderen erhoben haben, zu verletzen.«

Wohl ist es wahr, daß dergleichen Beschlüsse nicht von einer allgemeinen Versammlung ausgingen, aber sie sind nichtsdestoweniger in den unwandelbaren Beziehungen der Dinge zueinander gelegen; sie heben nicht die Vorteile auf, die man sich von dem Adel verspricht, und verhindern die Übelstände, die er hervorrufen könnte; sie machen die Gesetze gefürchtet, da sie der Straflosigkeit jeden Weg versperren.

Wollte jemand einwenden, daß dieselbe über den Adligen wie den geringen Mann des Volks verhängte Strafe wegen der Verschiedenheit des Bildungsgrades, wegen der Schmach, die sich über die ganze erlauchte Familie verbreitet, in Wirklichkeit nicht die gleiche ist, so würde ich antworten, daß nicht die Empfindlichkeit des Schuldigen der Maßstab für die Strafen ist, sondern der öffentliche Schaden, der um so größer ist, je höher derjenige gestellt ist, der ihn herbeigeführt hat; daß die Gleichheit der Strafen nur eine äußerliche sein kann, da sie im Grunde auf jeden einzelnen verschieden einwirkt; daß die Schande der unschuldigen Familie des Verbrechers dadurch aufgehoben werden kann, daß der Souverän ihr öffentliche Beweise seines Wohlwollens zu teil werden läßt. Und wer wüßte nicht, daß in die Augen fallende Förmlichkeiten bei dem leichtgläubigen Volke, das gern bewundert, [die] Vernunftgründe vertreten?

BELEIDIGUNGEN

Persönliche Beleidigungen sowie Handlungen, die die Ehre, — d. h. den rechtmäßigen Anteil von Achtung, den ein Bürger von dem anderen zu verlangen berechtigt ist — verletzen, müssen mit Ehrlosigkeit bestraft werden.

Es besteht ein bemerkenswerter Widerspruch zwischen den bürgerlichen Gesetzen, die Leib und Leben, sowie das Vermögen jedes Bürgers eifriger als alles übrige bewachen [1], und den Gesetzen dessen, was man Ehre nennt, denen die öffentliche Achtung über alles geht. Das Wort Ehre ist eines von denen, die der Gegenstand langer und glänzender Untersuchungen gewesen sind, ohne daß damit ein bestimmter und klarer Begriff verbunden gewesen wäre. Beklagenswerter Zustand des menschlichen Geistes, der von den entferntesten und weniger wichtigen Bewegungen der Himmelskörper eine weit genauere Kenntnis besitzt als von den so naheliegenden höchst wichtigen moralischen Begriffen, die immer schwankend und verwirrt sind, je nachdem die Stürme der Leidenschaften auf sie einwirken und die irre geführte Menschheit sie aufnimmt und weiterpflanzt! Aber dieser scheinbare Widersinn wird verschwinden, wenn man erwägt, daß, wie die den Augen allzu nahen Gegenstände undeutlich werden, so auch die allzu große Nähe moralischer Begriffe bewirkt, daß die zahlreichen einfachen Begriffe, aus denen sie zusammengesetzt sind, sich leicht vermengen und ihre Grenzlinien verwirren [verwischen], deren der mathematisch geschulte Geist bedarf, um die Erscheinungen des menschlichen Gefühlslebens zu ermessen. Überhaupt wird jedem ruhigen Beobachter der menschlichen Dinge jedes Erstaunen schwinden, sobald er ahnt, daß es vielleicht weder eines so großen Aufwandes von Moralsätzen noch so vieler Bande bedürfe, um den Menschen Glück und Sicherheit zu gewähren.

Die Ehre ist einer jener zusammengesetzten Begriffe [2], die eine Zusammenfassung nicht bloß einfacher, sondern selbst wieder zusammengesetzter Begriffe sind, und in den verschiedenen Verhältnissen, in denen sie vor den menschlichen Geist treten, bald einige der sie zusammensetzenden Elemente zulassen, bald ausschließen. Auch enthalten sie nur einige wenige gemeinsame Begriffe, wie mehrere zusammengesetzte algebraische Größen einen gemeinsamen Divisor haben. Um diesen gemeinschaftlichen Divisor unter den verschiedenen Vorstellungen, die sich die Menschen von der Ehre machen, zu finden, ist es notwendig, einen flüchtigen Blick auf die Zusammensetzung der Gesellschaft zu werfen [3].

Die ersten Gesetze und die ersten Behörden entstanden aus der Notwendigkeit, den aus dem Despotismus jedes einzelnen entspringenden Übelständen abzuhelfen. Dieses war der mit der Gründung der Gesellschaft verfolgte Zweck, und dieser ursprüngliche Zweck hat in Wirklichkeit oder nur zum Schein an der Spitze aller — auch der verwerflichsten — Gesetzbücher gestanden. Aber die größere Annäherung der Menschen und die Fortschritte ihrer Kenntnisse haben eine endlose Reihe von Handlungen und wechselseitigen Bedürfnissen erzeugt, die von den Gesetzen nicht vorausgesehen waren und die wirkliche Kraft des Einzelmenschen überstiegen. Mit diesem Zeitabschnitt beginnt der Despotismus der Meinung, der das einzige Mittel war, um von den anderen die Güter zu erlangen und sich die Übel fern zu halten, für welche die Gesetze keine geeignete Fürsorge treffen konnten. Und die Meinung ist es, die den Weisen wie den Ungebildeten peinigt, sie ist es, die den Schein der Tugend über die Tugend selbst setzt, und sogar den Verbrecher zum Missionar werden läßt, weil er hierbei seinen Vorteil findet. Daher wurde die Achtung der Menschen nicht nur nützlich, sondern auch notwendig, wollte man nicht unter den gewöhnlichen Durchschnitt sinken. Daher kommt es, daß, wenn der Ehrgeizige sich darum bewirbt, weil sie ihm nützt, wenn der Eitele sie erbettelt, um ein Zeugnis seines Verdienstes zu haben, man den Mann von Ehre sie fordern sieht, weil sie ihm notwendig ist. Diese Ehre ist eine Bedingung, von der sehr viele Menschen ihre eigene Existenz abhängig machen. Erst nach der Bildung der Gesellschaft entstanden, konnte sie nicht in das Gesamtgut aufgenommen werden, und ist daher auch eine zeitweilige Rückkehr in den Naturzustand und eine vorübergehende Loslösung der eigenen Person von den Gesetzen, die in diesem

Fall dem Bürger keinen hinreichenden Schutz gewähren.

Daher verschwinden sowohl bei der größten politischen Freiheit als auch bei der größten Abhängigkeit alle Begriffe von Ehre, oder sie vermischen sich mit anderen. Denn im ersten Falle macht der Despotismus der Gesetze die Bewerbung um die Achtung anderer unnötig, während im zweiten der Despotismus der Menschen die bürgerliche Existenz vernichtet und jedem nur eine unsichere vom Augenblick abhängige Persönlichkeit läßt. Die Ehre ist also einer der Hauptgrundsätze derjenigen Monarchien, in denen ein gemäßigter Despotismus herrscht; in ihnen bedeutet sie dasselbe, was in despotischen Staaten die Revolutionen sind: einen Augenblick der Rückkehr in den Naturzustand und eine Mahnung für die Herrscher an die alte Gleichheit.

---

1. Das gilt im Deutschland der Schäuble, Merkel und Steinmeier schon lange nicht mehr. Wenn fünf Türken einen Menschen tottreten (Jonny K, Berlin Alexanderplatz, Oktober 2012) werden vier wieder auf freien Fuß gesetzt. Und wer von den mohammedanischen Asylbanditen (alles Fachärzte, Ingenieure und Astrophysiker!) krankenhausreif zusammengeschlagen wird, hat die Rehabilitation noch nicht beendet, wenn sein Attentäter entlassen wird. Deutschland wird von (mutmaßlichen) Verbrechern regiert, aber das konnte Beccaria nicht voraussehen.
2. In einer Erzählung Gustav Meyrinks stellt sich eine schwarze, klebrige Masse in einer Schachtel, die ein Archäologe ausgräbt, nach einer gründlichen chemischen Untersuchung als ein prähistorisches Offizierseherenwort heraus.
3. Freier und kürzer übersetzt: Der Begriff »Ehre« ist ein zusammengesetzter Begriff, der nicht allein durch mehrere einfache, sondern auch durch mehrere ihrerseits wieder zusammengesetzte Begriffe gebildet wird. Je nach den verschiedenen Gesichtspunkten, unter denen sich der Begriff Ehre unserem Geiste darbietet, ist er mehr oder weniger verwickelt. Um

dieses Problem besser zu erfassen, muß man einen flüchtigen Blick auf die Zusammensetzung der Gesellschaft werfen. [KE]

VON DEN ZWEIKÄMPFEN

Aus dieser Notwendigkeit der Achtung anderer entstanden die Privatzweikämpfe, die eben ihren Grund in der Anarchie der Gesetze haben. Dem Altertum sollen sie unbekannt gewesen sein, vielleicht, weil die Alten nicht mißtrauisch bei allen Zusammenkünften in Tempeln, in Theatern und im Freundeskreise Waffen trugen; vielleicht, weil der Zweikampf ein gewöhnliches und gemeines Schauspiel war, das Gladiatoren, die Sklaven und verachtete Menschen waren, dem Volke gaben, sodaß die freien Männer deshalb fürchteten, wegen ihrer privaten Zweikämpfe für Gladiatoren gehalten und so geheißen [genannt] zu werden. Vergebens haben die Erlasse, die den Tod auf die Annahme eines Zweikampfes setzten, diese Gewohnheit auszurotten gesucht, die ihre Wurzel eben darin hat, was mancher mehr als den Tod fürchtet. Denn der Achtung der anderen beraubt, sieht sich der Mann von Ehre der Gefahr ausgesetzt, entweder ein gänzlich einsames Leben führen zu müssen — ein für einen geselligen Menschen unerträglicher Zustand — oder die Zielscheibe des Spottes und der Schmähungen zu werden, die infolge ihrer wiederholten Einwirkung die Gefahr der Strafe überwiegt. Weshalb duelliert sich das geringe Volk nicht so allgemein wie die Großen? Nicht nur, weil es unbewaffnet ist, sondern weil die Achtung anderer bei dem niederen Volk minder notwendig ist als bei jenen, die höher stehen und infolgedessen sich gegenseitig mit mehr Mißtrauen und Eifersucht betrachten.

Es ist unnütz, das zu wiederholen, was andere geschrieben haben, nämlich daß das wirksamste Mittel zur Verhütung dieses Verbrechens darin besteht, den Angreifer, d. h. den, der die Veranlassung zum Zweikampf gegeben hat, zu bestrafen und den für unschuldig zu erklären, der ohne seine Schuld gezwungen worden ist, das zu verteidigen, was gegenwärtig die Gesetze nicht zu schützen vermögen — seine Ehre.

DIEBSTÄHLE

Die Diebstähle, die nicht mit Gewalttätigkeiten verbunden waren, sollten mit Geldstrafe bestraft werden [1]. Wer sich auf Unkosten anderer zu bereichern sucht, der sollte an seinem eigenen Eigentum geschmälert werden. Da aber dieses Verbrechen in der Regel nur aus Not und Verzweiflung, und nur von jener unglücklichen Menschenklasse begangen wird, der das Eigentumsrecht — ein schreckliches und vielleicht nicht nötiges Recht [2] — nur das nackte Leben übrig ließ, da ferner die Geldstrafen weit mehr Menschen treffen als Verbrechen begangen haben, und Unschuldigen das Brot nehmen, um es Verbrechern zu geben, so würde die angemessenste Strafe die Art von Knechtschaft sein, die man allein als gerecht bezeichnen kann, nämlich die Knechtschaft, wodurch die Arbeit und die Person des Verbrechers der gemeinsamen Gesellschaft eine Zeitlang zur Verfügung gestellt wird, damit er sie durch seine eigene völlige Abhängigkeit für die ungerechte Gewaltanmaßung gegenüber dem Gesellschaftsvertrage entschädige.

Wenn aber der Diebstahl mit Gewalttätigkeiten [Raub] verbunden ist, dann muß mit der Strafe der Knechtschaft eine Leibesstrafe verbunden werden. Andere Schriftsteller haben vor mir den Übelstand deutlich nachgewiesen, der daraus entsteht, daß man keinen Unterschied in der Bestrafung der gewaltsamen und listigen Diebstähle macht, indem man so unsinnigerweise eine große Geldsumme dem Leben eines Menschen gleichstellt. Es sind diese beide Verbrechen von ganz verschiedener Natur, und zweifellos gilt auch in der Politik der mathematische Satz, daß zwischen zwei verschiedenartigen Größen das Unendliche liegt, das sie trennt [3]; es ist aber nicht überflüssig, das zu wiederholen, was fast nie befolgt worden ist. Die politischen Maschinen halten länger als jede andere die einmal angenommene Bewegung ein und nehmen nur sehr langsam eine neue ein.

---

1. Wenn man die Sicherheit hinsichtlich der Güter verletzt, so können Gründe für die Auferlegung einer Leibesstrafe sprechen; aber es wäre vielleicht besser und jedenfalls naturgemäßer, wenn Verbrechen gegen die Sicherheit der Güter mit dem Verlust der Güter bestraft würden. Und dieses müßte so sein, wenn Gütergemeinschaft oder Gütergleichheit beständen; da aber gerade die, welche keine Güter haben, am liebsten die Güter der anderen angreifen, so war es nötig, daß die Leibesstrafe an Stelle der Geldstrafe trat. Montesquieu, Esprit des lois XII, 4. [KE]
2. Wie Cantù (franz. Übers. S. 106) mitteilt, lautete die Parenthese im Manuskript und in der ersten Ausgabe: »ein schreckliches, aber vielleicht nötiges Recht«. [KE]
3. Er meint wahrscheinlich die Tatsache, daß man zwischen zwei beliebig nahe beieinanderliegenden reellen Zahlen noch unendlich viele einschieben könnte.

SCHLEICHHANDEL

Der Schleichhandel [Schmuggel, Handel mit Hehlerware] ist ein wirkliches Verbrechen, das den Souverän und die Nation verletzt; aber seine Bestrafung darf nicht entehrend sein, weil seine Betreibung in der öffentlichen Meinung keine Ehrlosigkeit nach sich zieht.

Weshalb aber zieht dieses Verbrechen seinem Urheber nicht Ehrlosigkeit zu, obwohl es ein an dem Fürsten und folglich auch an der Nation selbst begangener Diebstahl ist? Ich antworte hierauf, daß Verletzungen, von denen die Menschen glauben, daß sie sie nicht selbst treffen können, sie nicht in so hohem Maße interessieren, um die allgemeine Entrüstung gegen den wachzurufen, der sie herbeiführt. So ist es mit dem Schleichhandel. Die Menschen, auf die entferntere Folgen nur einen ganz schwachen Eindruck machen, sehen nicht den Schaden, der ihnen aus dem Schleichhandel erwachsen kann, ja sie freuen sich sogar der Vorteile, die er ihnen für den Augenblick verschafft; sie sehen nur den dem Fürsten zugefügten

Schaden, haben also kein solches Interesse daran, dem, der Schleichhandel treibt, ihre Achtung zu entziehen, wie dem, der einen Diebstahl an einer Privatperson begeht oder eine Handschrift nachmacht oder andere Übel, die sie selbst treffen können, verursacht.

Es ist ein bekannter Erfahrungssatz, daß jedes empfindende Wesen sich nur um solche Übel kümmert, die es kennt. Das Verbrechen des Schleichhandels wird durch das Gesetz selbst hervorgerufen; denn mit der Erhöhung der Steuer [des Zolls] wächst seine Einträglichkeit und demgemäß die Versuchung, ihn zu unternehmen. Die Leichtigkeit seines Betriebes wächst mit der Ausdehnung der zu bewachenden Grenzlinie [1] und der Verminderung des Umfangs der Ware selbst. Der Verlust der verbotenen Ware und sämtlicher mit ihr transportierten Gegenstände ist eine völlig gerechte Strafe; aber sie wird um so wirksamer sein, je geringer der Zoll ist, weil die Menschen [es] nur im Verhältnis zu dem Vorteile, den der glückliche Ausgang eines Unternehmens verheißt, wagen.

Soll aber ein solches Verbrechen unbestraft bleiben, wenn der Täter keine Ware zu verlieren hat? [Wenn er auf dem Rückweg ist?] Nein. Es gibt Arten von Schleichhandel, die so tief in das Wesen der Besteuerung, eines so wesentlichen und so schwierigen Bestandteils einer guten Gesetzgebung einschneiden, daß ein solches Verbrechen eine beträchtliche Strafe verdient, die sogar bis zum Gefängnis, bis zur Knechtschaft ansteigen könnte; doch müßten sowohl Gefängnis als Knechtschaft der Natur des Verbrechens angepaßt sein. So darf z. B. die Gefangenschaft eines Tabakschmugglers nicht dieselbe sein wie die des Mörders oder Straßenräubers; die von dem ersteren zu verrichtenden Arbeiten werden dann der

Natur der Strafen am angemessensten sein, wenn sie sich auf anstrengende Arbeit im Dienste jenes Hoheitsrechtes, das er hintergehen wollte, beschränkt.

---

1. Eine der bedeutendsten Bundeskanzlerinnen der Gegenwart hat es uns ja erklärt: Die 5000 km lange Grenze Deutschlands kann überhaupt nicht bewacht werden; das gelingt nur allen anderen Ländern des Planeten.

VON DEN SCHULDNERN

Treue und Glauben bei den Verträgen, sowie die Sicherheit des Verkehrs zwingen den Gesetzgeber, den Gläubigern die Person ihres zahlungsunfähigen Schuldners sicherzustellen. Ich halte es aber für wichtig, zwischen betrügerischem und unverschuldetem Bankrott zu unterscheiden. Der erstere sollte mit derselben Strafe bedroht sein, welche die Falschmünzer trifft; denn die Fälschung eines geprägten Metallstücks, das ein Pfand der Verbindlichkeiten der Bürger ist, ist kein größeres Verbrechen als die Fälschung dieser Verbindlichkeiten selbst. Aber der ohne sein Verschulden zahlungsunfähig Gewordene, der nach einer strengen Untersuchung seinen Richtern hinreichend bewiesen hat, daß entweder die Schlechtigkeit oder das Unglück anderer oder Wechselfälle, die keine menschliche Klugheit abwenden konnte, ihn seines Vermögens beraubt haben, aus welchem barbarischen Grunde soll dieser in ein Gefängnis geworfen und der nackten Freiheit, des einzigen armseligen Gutes, das ihm bleibt, beraubt werden, um die Angst der Schuldigen auszustehen, und um vielleicht in der Verzweiflung unterdrückter Redlichkeit die Unschuld zu bereuen, mit der er ruhig unter dem Schutze der Gesetze lebte, deren Verletzung zu verhüten er außerstande war — Gesetze, die die Mächtigen aus Habsucht gaben und die Schwachen nur um der Hoffnung willen dulden, die fast immer im menschlichen Gemüte strahlt und in uns den Glauben erweckt, daß die unglücklichen Ereignisse für andere, für uns aber nur die glücklichen bestimmt seien! Die Menschen, die sich nur ihren nächstliegenden Gefühlen hingeben, lieben die grausamen Gesetze, trotzdem sie diesen selbst unterworfen sind, und es im größten Interesse aller läge, daß sie gemäßigt wären, und zwar lieben sie sie um deswillen, weil die Furcht verletzt zu werden, größer ist als der Wille, selbst zu verletzen.

Ich komme nunmehr auf den unverschuldet in Zahlungsunfähigkeit Geratenen zurück: wenn seine Verpflichtung nur durch gänzliche Zahlung getilgt werden kann, wenn es ihm nicht gestattet sein wird, sich ihr ohne Einwilligung der Beteiligten zu entziehen, und unter anderen Gesetzen seinen Fleiß zu verwerten, welch letzteren er vielmehr bei Vermeidung von Strafe dazu verwenden müßte, um seine Gläubiger nach Maßgabe seines Erwerbs zu befriedigen — dann frage ich, durch welchen gesetzlichen Vorwand, wie Verkehrssicherheit oder Unverletzlichkeit des Eigentums, will man eine Freiheitsberaubung rechtfertigen, die nutzlos wäre, den einen Fall ausgenommen, daß man durch die Leiden der Knechtschaft die Geheimnisse einer ohne Verschulden in Vermögensverfall geratenen Person enthüllen will, — ein Fall, der unter der Voraussetzung einer strengen Untersuchung nur äußerst selten eintreten wird. Ich halte es für eine Grundregel der Gesetzgebung, daß die Bewertung der Nachteile, die die Straflosigkeit eines Verbrechens für die Gesellschaft hat, in geradem Verhältnis zu dem der Öffentlichkeit erwachsenen Schaden und in ungeradem zu der Unwahrscheinlichkeit, es nachweisen zu können, stehen müsse [1].

Man könte den Vorsatz von der groben Fahrlässigkeit, die grobe von der leichten, und die letztere endlich von der völligen Schuldlosigkeit unterscheiden; im ersteren Falle hätte die Strafe der Falschmünzerei einzutreten, im zweiten eine geringere, jedoch mit Freiheitsentziehung verbundene Strafe; im letzten Fall sollte man dem Schuldner die freie Wahl bezüglich der Mittel, um wieder in eine geordnete Vermögenslage zu kommen, überlassen, und im dritten ihm diese Freiheit nehmen und sie den Gläubigern übertragen. Der Unterschied aber zwischen »grober« und »leichter« Fahrlässigkeit muß allein von dem blinden und unparteiischen Gesetz, nicht von der gefährlichen und willkürlichen Klugheit der Richter festgesetzt werden. Die Festsetzung der Grenzen ist in der Staatskunst ebenso notwendig wie in der Mathematik, ebenso bei der Bemessung des Staatswohls wie bei der Bemessung der Größen.

Wie leicht könnte ein umsichtiger Gesetzgeber einen großen Teil der nur durch Fahrlässigkeit verursachten Bankrotte verhindern und dem Unglück eines unschuldigen fleißigen Mannes abhelfen! Die öffentliche und klare Aufzeichnung aller Verträge und die jedem Bürger gewährte Erlaubnis, die wohlgeordneten Dokumente einzusehen; eine öffentliche Bank, die von Abgaben, die auf die mit Erfolg betriebenen Handelsgeschäfte weise verteilt sind, errichtet und dazu bestimmt ist, mit geeigneten Summen ein ohne sein Verschulden ins Unglück geratenes Mitglied des Handelsstandes zu unterstützen, — würden keine wirklichen Nachteile haben, aber unermeßlich viel Gutes stiften können. Aber faßliche, einfache und großangelegte Gesetze, die nur auf einen Wink des Gesetzgebers warten, um Überfluß und Kraft der Nation in den Schoß zu legen, Gesetze, deren Urheber Generation um Generation in Dankesliedern feiern würde, sind am wenigsten gekannt und gewollt. Ein unruhiger und kleinlicher Geist, die zaghafte, nur auf den gegenwärtigen Augenblick bedachte Klugheit, eine behutsame Zurückhaltung gegenüber Neuerungen beherrschen die Gemüter derer, die in das Gewühl der menschlichen Handlungen Harmonie bringen könnten.

---

1. Handel und Eigentum an Gütern sind nicht der Zweck des Gesellschaftsvertrags, können aber ein Mittel sein, ihn herbeizuführen. Um ihretwillen die Mitglieder der Gesellschaft den Übeln aussetzen, für deren Entstehung so viel Wahrscheinlichkeit vorhanden ist, hieße die Zwecke den Mitteln unterordnen, was in allen Wissenschaften, insbesondere aber in der Staatskunst ein Fehlschluß ist, in den ich selbst in den früheren Auflagen verfallen bin, wo ich sagte, der unverschuldet in Vermögensverfall geratene müsse als Unterpfand für seine Schulden bewacht oder als Sklave zur Arbeit für seine Gläubiger verwendet werden. Ich schäme mich, dies geschrieben zu haben. Ich bin des Unglaubens angeklagt worden, ohne es verdient zu haben. Ich bin der Aufrührerei angeklagt worden, ohne es verdient zu haben. Ich habe die Rechte der Menschheit verletzt, und niemand hat mir einen Vorwurf daraus gemacht! (Anmerkung Beccarias) [KE]

VON DER ÖFFENTLICHEN RUHE

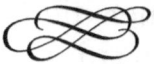

Endlich gehören zu den Verbrechen der dritten Art insbesondere jene, welche die öffentliche Sicherheit und die Ruhe der Bürger stören, wie Lärmen und Schlägereien auf öffentlichen zum Verkehr und Durchgang der Bürger bestimmten Straßen, ferner fanatische Reden, die die leicht erregbaren Leidenschaften der neugierigen Menge aufreizen, die durch die Menge der Zuhörer und durch die dunkle und geheimnisvolle Begeisterung mehr Kraft erlangen als durch die klare und ruhige Vernunft, die nie auf eine große Menschenmasse Eindruck macht. Die nächtliche Beleuchtung auf öffentliche Kosten, die Verteilung von Wachen auf die verschiedenen Stadtviertel, einfache und moralische Reden, die der Stille und der geheiligten Ruhe unter öffentlichem Schutz stehender Tempel vorbehalten sind; öffentliche, zur Wahrung der privaten und allgemeinen Interessen bestimmte Ansprachen in den Volksversammlungen, in den Parlamenten oder an der Stelle, wo die Majestät des Souveräns ihren Sitz hat, sind alles wirksame Mittel, um der gefährlichen Ansammlung der Volksleidenschaften vorzubeugen. Alles dies bildet den hauptsächlichsten Teil der Wachsamkeit jener Behörde, die die Franzosen Polizei (POLICE) nennen. Wenn aber diese Behörde nach willkürlichen Gesetzen, die nicht in einem in aller Bürger Hände befindlichen Gesetzbuche enthalten sind, handelt, dann wird der Tyrannei, die immer die Grenzen der politischen Freiheit umlauert, Tür und Tor geöffnet. Ich finde keine Ausnahme von dem allgemeinen Grundsatze, daß jeder Bürger wissen muß, wann er schuldig, wann unschuldig ist. Wenn Zensoren oder überhaupt willkürlich schaltende Behörden in einem Staate notwendig sind, so liegt das in der Schwäche seiner Verfassung, nicht aber in der Natur einer wohlorganisierten Regierung. Die Ungewißheit des eigenen Schicksals hat der verborgenen Tyrannei mehr Opfer gebracht als die offene, sich in feierlichen Formen bewegende Grausamkeit. Diese empört mehr die Gemüter als sie sie erniedrigt. Der wahre Tyrann beginnt mit der Herrschaft über die öffentliche Meinung; dies entkräftet den Mut, der allein in dem hellen Licht der Wahrheit, im Feuer der Leidenschaft oder in der Unbekanntschaft mit der Gefahr zu glänzen vermag.

VON DEM POLITISCHEN MÜSSIGGANG

Weise Regierungen dulden nicht inmitten der Arbeit und des Fleißes den politischen Müßiggang. Politischen Müßiggang nenne ich denjenigen, der weder durch seine Arbeit noch durch seinen Reichtum der Gesellschaft etwas nützt; der erwirbt, ohne jemals zu verlieren, der von der Menge in geistloser Bewunderung verehrt und von dem Weisen mit verächtlichem Mitleiden für die Wesen, die ihm zum Opfer fallen, betrachtet wird; der — jener Triebfeder zu einem tätigen Leben entbehrend, die in der Notwendigkeit, für die Erhaltung oder Vermehrung der Bequemlichkeiten des Lebens zu sorgen, liegt — den Leidenschaften des Meinungsstreits, die nicht die schwächsten sind, ihre ganze Kraft läßt. Dieser Müßiggang wurde von strengen Sittenrichtern mit der Muße verwechselt, welche die vom Fleiße aufgehäuften Reichtümer gewähren; deshalb hat auch nicht die strenge und beschränkte Tugend einiger Sittenrichter, sondern es haben die Gesetze zu bestimmen, welcher Müßiggang strafbar sei [1].

Der ist politisch nicht müßig, der die Früchte der Laster oder Tugenden seiner Vorfahren genießt und für Genüsse des Augenblicks Brot und Unterhalt an die fleißige Armut verkauft, die im Frieden den heimlichen Krieg der Arbeit gegen den Reichtum, anstatt des ungewissen und blutigen gegen die Gewalt führt. Dieser Müßiggang ist notwendig und nützlich in dem Maße, wie die Gesellschaft sich erweitert und die Verwaltung sich einschränkt.

---

1. »In der Tat haben Päpste, katholische Fürsten, gewissenhafte und aufgeklärte Minister es in gleicher Weise für den Staat wie für die Religion verderblich gefunden und finden es noch so, daß es in einem Staate Menschen gibt, auf die die erwähnte Definition paßt. Die Templer, die Jesuiten, die Umiliaten und dergleichen Orden sind von der Wachsamkeit der Päpste abgeschafft worden. Die Gesetze, Verordnungen und Verfügungen der Herrscher aller europäischer Staaten, die dagegen Vorkehrungen treffen und darüber wachen, daß sich die Reichtümer nicht in der toten Hand zu sehr anhäufen, beweisen, daß die Furcht vor dem politischen Müßiggang vernünftig ist und nicht mit dem Christentum in Widerspruch steht.« Risposta I, 21. [KE]

VOM SELBSTMORD UND DER AUSWANDERUNG

Der Selbstmord ist ein Verbrechen, das keine Strafe im eigentlichen Sinne nach sich ziehen zu können scheint, weil diese entweder nur Unschuldige oder einen kalten und empfindungslosen Leichnam treffen könnte. Wenn diese letztere auf die Lebenden ebenso wenig Eindruck macht wie das Durchpeitschen einer Bildsäule, so ist sie ungerecht und tyrannisch, weil die politische Freiheit der Menschen notwendigerweise zur Voraussetzung hat, daß die Strafen rein persönlich seien. Die Menschen lieben zu sehr das Leben, und alles, was sie umgibt, bestärkt sie in dieser Liebe. Das verführerische Bild des Vergnügens, die Hoffnung, die liebliche Betrügerin der Sterblichen, derentwegen sie in vollen Zügen das mit einigen Tropfen der Befriedigung vermischte Leiden einschlürfen, übt eine zu große Anziehungskraft auf sie aus, als daß man fürchten müßte, die notwendige Straflosigkeit eines solchen Verbrechens übe irgend welchen Einfluß auf die Menschen aus. Wer den Schmerz fürchtet, gehorcht den Geset-

145

zen, aber der Tod vernichtet alle Quellen des Schmerzes in dem Körper. Welcher Beweggrund sollte daher die verzweifelte Hand des Selbstmörders zurückhalten?

Wer sich das Leben nimmt, fügt der Gesellschaft ein geringeres Übel zu, als der, welcher für immer ihr Gebiet verläßt, weil jener sein ganzes Vermögen zurückläßt, während dieser einen Teil seiner Habe mit sich fortnimmt. Wenn überdies die Stärke einer Gesellschaft in der Zahl der sie bildenden Bürger besteht, so fügt der, welcher sich ihr entzieht, indem er in einen Nachbarstaat auswandert, ihr doppelt soviel Schaden zu, als der, welcher einfach durch den Tod sich ihr entrückt. Die Frage läuft mithin darauf hinaus, ob es nützlich oder schädlich für einen Staat sei, jedem seiner Mitglieder die beständige Freiheit, sich zu entfernen, zu belassen.

Jedes Gesetz, das nicht mit Nachdruck vollzogen werden kann oder durch die Natur der Umstände hinfällig gemacht wird, sollte nie verkündet werden. Und wie die Gemüter von der öffentlichen Meinung beherrscht werden, die den langsamen und mittelbaren Einwirkungen des Gesetzgebers sich fügt, den unmittelbaren und gewaltsamen sich aber widersetzt, so teilen unnütze, von den Menschen verachtete Gesetze die ihnen entgegengebrachte Geringschätzung auch den heilsamsten Gesetzen mit, die dann mehr als ein zu beseitigendes Hindernis denn als eine Gewähr des öffentlichen Wohls angesehen werden.

Wenn außerdem, wie gesagt, unsere Gefühle gewisse Grenzen haben, so wird, je mehr Verehrung die Menschen für die dem Gesetze fremden Dinge haben, desto weniger Achtung für das Gesetz übrig bleiben. Aus diesem Grundsatz kann ein weiser Verwalter der öffentlichen Wohlfahrt einige nützliche Folgerungen ziehen, deren Erörterung mich zu weit von meinem Gegenstand entfernen würde, nämlich dem Beweise, daß es nichts nütze, aus dem Staat ein Gefängnis zu machen. Ein solches Gesetz ist unnütz, denn, falls nicht unzugängliche Klippen oder unbefahrbare Meere ein Land von den übrigen Ländern trennen, wie könnte man alle Punkte seiner Grenzlinie abschließen, und wie die Wächter überwachen [1]? Wer seine ganze Habe mitnimmt, kann, sobald er sein Vorhaben ausgeführt hat, nicht mehr bestraft werden. Ein solches Verbrechen kann also, sobald es begangen ist, nicht mehr geahndet werden, und es vorher bestrafen, hieße den Willen der Menschen und nicht ihre Handlungen bestrafen, hieße die Absicht, den freiesten, von der Herrschaft der menschlichen Gesetze unabhängigen Teil des Menschen, beherrschen zu wollen [2]. Den Abwesenden aber an den zurückgelassenen Vermögensstücken zu bestrafen, würde, abgesehen von den leichten und unvermeidlichen Unterschleifen, die ohne Tyrannei gegen die Verträge nicht verhindert werden können, jeglichen Verkehr zwischen den Staaten ins Stocken bringen. Die Bestrafung des Schuldigen nach seiner Rückkunft würde ihn daran hindern, das der Gesellschaft zugefügte Übel wieder gut zu machen und alle Ausgewanderten zur immerwährenden Abwesenheit zwingen. Das Auswanderungsverbot an sich erhöht bei den Staatsangehörigen das Verlangen, das Land zu verlassen, und ist für die Fremden eine Warnung vor der Einwanderung.

Was müssen wir von einer Regierung denken, die kein anderes Mittel hat, die Menschen, die durch die ersten Eindrücke der Kindheit von Natur aus an das

Vaterland gefesselt sind, in diesem zurückzuhalten als die Furcht? Das sicherste Mittel, die Bürger zum Verbleiben in dem Vaterland zu bestimmen, ist die verhältnismäßige Vermehrung des Wohlstandes des einzelnen. Wie man keine Anstrengung scheuen darf, um die Handelsbilanz für uns günstig zu gestalten, so haben Fürst und Volk das größte Interesse daran, daß der Wohlstand im ganzen genommen, im Vergleich zu dem der Nachbarstaaten, größer sei als anderswo. Die Genüsse des Luxus sind nicht die hauptsächlichsten Bestandteile dieses Wohlstandes, obwohl der Luxus ein notwendiges Mittel gegen die Ungleichheit ist, und ohne ihn alle Reichtümer sich in einer Hand ansammeln würden [3].

Aber der Handel und der Wechsel der Genüsse des Luxus hat den Nachteil, daß, obwohl er von vielen betrieben wird, doch nur von wenigen seinen Ausgang nimmt und bloß wenigen schließlich zugute kommt, und daß die Mehrzahl nur mit einem sehr geringen Teil davon vorlieb nehmen muß, sodaß er das Gefühl des Elends, das mehr durch die Vergleichung als durch die wirklichen Verhältnisse hervorgerufen wird, nicht bannen kann. Aber die Sicherheit und die nur von den Gesetzen beschränkte Freiheit bilden die Hauptgrundlage des Wohlstandes. In Verbindung mit ihnen gereichen die Genüsse des Luxus der Bevölkerung zum Vorteil, während sie ohne jene das Werkzeug der Tyrannei werden. Wie die edelsten wilden Tiere und die freiesten Vögel sich in die Einsamkeit und unzugängliche Wälder zurückziehen und die fruchtbaren lachenden Fluren dem ihnen nachstellenden Menschen überlassen, so fliehen auch die Menschen die Genüsse selbst, wenn sie die Tyrannei verteilt.

Es ist also bewiesen, daß das Gesetz, welches die Untertanen in ihrem Vaterlande einkerkert, unnütz und ungerecht ist; mithin wird es die Strafe für den Selbstmord ebenfalls sein; deshalb ist dieser, obgleich er eine Sünde ist, die Gott bestraft, da er allein auch nach dem Tod bestrafen kann, kein Verbrechen vor den Menschen, weil die Strafe statt des Schuldigen dessen Familie treffen würde. Wenn mir jemand einwendet, daß eine solche Strafe gleichwohl einen Menschen, der den Entschluß gefaßt hat, sich zu töten, hiervon abhalten könnte, so antworte ich, daß, wer freiwillig den Freuden des Daseins entsagt, wer das irdische Leben so haßt, daß er ihm eine unglückliche Ewigkeit vorzieht, nicht durch den minder wirksamen und entfernter liegenden Gedanken an seine Kinder oder Eltern in seinem Vorhaben erschüttert wird.

---

1. Wir sind da ganz modern — jeder kann unser Land verlassen. Auch darf jeder eintreten, denn die Grenze kann gar nicht kontrolliert werden, wie die Kanzlerin erkannt hat. Diese Millionen Invasoren können nur hinausgeworfen werden, wenn zuvor diese bevölkerungsfeindliche Regierung verjagt wird.
2. Kann man sehr wohl. »Der Versuch oder die Vorbereitung dazu ist strafbar ... « hieß es lapidar an verschiedenen Stellen des Strafgesetzes der DDR.
3. Wo die Grenzen eines Landes sich in größerem Maße erweitern als seine Bevölkerungszahl wächst, begünstigt der Luxus den Despotismus; denn je weniger Menschen es gibt, desto geringer ist der Gewerbefleiß und desto größer die Abhängigkeit der Armut von dem Reichtum, desto schwieriger und unwahrscheinlicher die Vereinigung der Unterdrückten gegen die Unterdrücker; ferner erlangt man die Ehrenbezeugungen, die Dienstleistungen, die Auszeichnungen und die Unterwürfigkeit, die den Abstand zwischen dem Starken und dem Schwachen fühlbarer machen, leichter von wenigen als von vielen, da die Menschen umso unabhängiger sind, je weniger sie beobachtet werden, und umso weniger beob-

achtet werden, je größer ihre Zahl ist. Wo aber die Bevölkerung in größerem Maße zunimmt als der Umfang des Gebiets, widersetzt sich der Luxus dem Despotismus, weil er den Gewerbefleiß und die Tätigkeit der Menschen belebt, und die erfinderische Not der Armen dem Reichen zu viele Genüsse und Annehmlichkeiten darbietet, als daß der prahlerische Luxus, der das Gefühl der Abhängigkeit vermehrt, über den Luxus des Genusses die Oberhand gewinnen könnte. Daher kann man beobachten, daß in großen, aber schwachen und entvölkerten Staaten, wenn nicht andere Ursachen dem entgegenstehen, der prahlerische Luxus über den des Genusses das Übergewicht hat, während in mehr bevölkerten als ausgedehnten Staaten der Luxus des Genusses den prahlerischen immer mehr verdrängt. (Anmerkung Beccarias) [KE]

SCHWER ZU BEWEISENDE VERBRECHEN

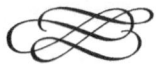

Es gibt einige Verbrechen, die häufig in der Gesellschaft vorkommen und zugleich schwer zu beweisen sind. Hierhin gehören Ehebruch, Päderastie, Kindesmord.

Der Ehebruch ist ein Verbrechen, das, vom politischen Standpunkt betrachtet, seine Kraft und Richtung aus zwei verschiedenen Ursachen herleitet: aus den veränderlichen Gesetzen der Menschen und der gewaltigen Anziehungskraft, die beide Geschlechter auf einander ausüben [1].

Wenn ich zu einem Volk zu sprechen hätte, das noch des Lichtes der Religion entbehrte, so würde ich sagen, daß es noch einen anderen beträchtlichen Unterschied zwischen diesem und allen übrigen Verbrechen gibt. Es entsteht aus dem Mißbrauch eines beständigen, der ganzen Menschheit gemeinsamen Triebes, eines Triebes, der vor der Gesellschaft da war, ja deren Gründung herbeigeführt hat, während die anderen staatszerstörenden Verbrechen keinen so allgemeinen Ursprung haben, und mehr durch augenblickliche Leidenschaften als durch einen Naturtrieb hervorgerufen wurden. Einem Kenner der Geschichte und der Menschen scheint ein solcher Trieb unter demselben Klima, immer einer feststehenden Größe gleichzukommen. Wenn dies richtig wäre, so würden alle die Gesetze und Sitten unnütz und unheilvoll sein, die diese Gesamtsumme zu vermeiden bestrebt wären, weil ihre Wirkung die Belastung eines Teils der eigenen und fremden Bedürfnisse wäre; weise würden dagegen jene sein, die, sozusagen der leichten Neigung der Ebene folgend, die Gesamtwirkung jenes Triebes in so viele gleiche kleine Teile zerlegen und abzweigen würden, daß sie gleichmäßig auf jeder Seite sowohl die Trockenheit als auch die Überschwemmung verhinderten.

Die eheliche Treue entspricht immer der Zahl und der Freiheit der Eheschließungen. Wo die überkommenen Vorurteile sie beherrschen, wo sie die Macht der Familie schließt und löst, da zerreißt die Buhlerei heimlich ihre Bande, trotz der landläufigen Moral, deren Aufgabe es ist, gegen die Wirkungen zu eifern und gegen die Ursachen Nachsicht zu üben. Aber der artige Betrachtungen braucht der nicht anzustellen, welcher, von der Wahrheit der Religion durchdrungen, erhabeneren Beweggründen folgt, die die Macht der natürlichen Triebe in Schranken halten. Die Verübung eines solchen Verbrechens geht so rasch und geheimnisvoll vor sich, ist so sehr von eben dem Schleier bedeckt, den die Gesetze darüber gebreitet haben — ein zwar nötiger, aber dünner Schleier, der den Reiz der Sache eher vermehrt als vermindert, — die Gelegenheiten zu ihm bieten sich so leicht, seine

Folgen sind so schwer nachweisbar, daß es der Gesetzgeber leichter verhüten als bestrafen kann.

Allgemeine Regel: »Bei jedem Verbrechen, das seiner Natur nach in den meisten Fällen unbestraft bleiben muß, wird die Strafe zum Reizmittel.« Es ist eine Eigentümlichkeit unserer Einbildungskraft, daß Schwierigkeiten, wenn sie nicht unüberwindlich oder wenigstens in Rücksicht auf die jedem Einzelwesen innewohnende Geistesträgheit nicht zu groß sind, die Einbildungskraft lebhafter erregen und den Wert des Gegenstandes vergrößern, weil sie gleichsam ebensoviele Bollwerke darstellen, welche die umherschweifende und flüchtige Einbildungskraft hindern, über den Gegenstand hinwegzugehen; indem sie die Einbildungskraft zwingen, über alle seine Beziehungen einen flüchtigen Blick zu werfen, haftet diese fester an der angenehmen Seite derselben, zu der sich unser Gemüt natürlich mehr hingezogen fühlt als zu der traurigen und schmerzhaften, die es flieht und meidet.

Die von den Gesetzen so streng bestrafte Päderastie [2], wegen der so leicht die die Unschuld überwindende Folter angewandt wird, hat weniger ihren Grund in den Bedürfnissen des vereinzelt lebenden freien Menschen als in den Leidenschaften des in der Gesellschaft lebenden unfreien Menschen. Sie leitet ihre Stärke nicht so sehr von der Übersättigung an Genüssen als von jener Erziehung ab, die damit anfängt, die Menschen sich selbst nutzlos zu machen, damit sie anderen nutzbar werden, in jenen Häusern, wo die glühende Jugend dicht zusammengedrängt ist, und wo, weil jedem anderweitigen Verkehr ein unübersteiglicher Damm entgegensteht, die ganze

Kraft der sich entwickelnden Natur ohne Nutzen für die Menschheit sich aufzehrt und überdies das Alter[n] vor der Zeit herbeiführt.

Der Kindesmord ist ebenfalls die Wirkung eines unvermeidlichen Widerspruchs, in den eine Person geraten ist, die infolge ihrer Schwäche oder der gegen sie angewendeten Gewalt unterlegen ist. Wie sollte die, welche die Wahl hat zwischen der Schande und dem Tod eines für Leiden noch unempfindlichen Wesens, nicht diesen dem unausbleiblichen Elend vorziehen, dem sie und der unglückliche Sprößling ausgesetzt sein werden. Das beste Mittel zur Verhütung dieses Verbrechens besteht darin, daß man durch Gesetze die Schwäche wirksam vor der Tyrannei schützt, die alle Laster vergrößert, die sich nicht unter dem Deckmantel der Tugend verüben lassen.

Es ist nicht meine Absicht, den gerechten Abscheu zu vermindern, den diese Verbrechen verdienen; aber indem ich ihre Quellen angebe, glaube ich berechtigt zu sein, eine allgemeine Folgerung daraus zu ziehen, nämlich die, »daß man die Bestrafung für ein Verbrechen solange nicht als gerecht, d. h. als notwendig, bezeichnen kann, als bis das Gesetz das bei den bestehenden Verhältnissen eines Staates bestmögliche Mittel angewendet hat, um ihm vorzubeugen«.

---

1. Diese Anziehungskraft ist in vielen Fällen der das Weltall bewegenden Schwerkraft ähnlich; denn wie diese nimmt sie mit der Entfernung ab, und wenn die eine alle Bewegungen der Körper, so beherrscht die andere gleichsam die des Gemüts, solange ihre Einwirkung dauert. Verschieden sind sie darin, daß die Schwerkraft sich mit den Hindernissen ins Gleichgewicht setzt, die Anziehungskraft der Geschlechter aber durch die Zunahme der Hindernisse meist an Kraft und Stärke gewinnt. (Anmerkung Beccarias.) [KE]

2. Vgl. z. B. Art. 116 der »Peinlichen Gerichtsordnung« Kaiser Karls V. »Straff der Vnkeusch, so wider die Natur geschieht: Item so ein mensch mit einem Viehe, Man mit Man, Weib mit Weib Vnkeusch treibenn, die habenn auch das lebenn Verwurckt, Vnd man solle sy, der gemeynen gewonheit nach mit dem feure vom lebenn zum tode richtenn«. [KE]

VON EINER BESONDEREN ART VERBRECHEN

Wer diese Schrift liest, wird bemerken, daß ich eine Art von Verbrechen übergangen habe, die Europa mit Menschenblut getränkt und jene Scheiterhaufen errichtet hat, auf denen die Leiber lebender Menschen den Flammen zur Nahrung dienten, während es der verblendeten Menge ein freudiges Schauspiel und ein angenehmer Wohlklang war, wenn sie beim Knistern der verkohlenden Gebeine und dem Braten der noch zuckenden Eingeweide das dumpfe, unverständliche Wimmern der Unglücklichen vernahmen, das aus den schwarzen Wolken Rauches — Rauches von menschlichen Gliedern — hervordrang. Aber jeder vernünftige Mensch wird einsehen, daß Ort, Jahrhundert [1] und Gegenstand mir nicht gestatten, die Natur eines solchen Verbrechens zu untersuchen. Zu weit und zu sehr über meinen Gegenstand hinaus würde es mich führen, wenn ich beweisen wollte, wie trotz des entgegengesetzten Beispiels so vieler Nationen, in einem Staate eine vollkommene Übereinstimmung der Ansichten ² nötig ist; wie Meinungen, die nur durch einige sehr spitzfindige und dunkle, über das menschliche Fassungsvermögen hinausgehende Unterschiede voneinander abweichen, doch das öffentliche Wohl erschüttern können, wenn nicht einer vor allen anderen der Vorrang eingeräumt wird, und wie die Natur der Meinungen so geartet ist, daß, während die einen durch Gärung und durch Kampf mit ihren Gegensätzen sich aufklären, indem die wahren das Feld behaupten und die falschen der Vergessenheit anheimfallen, andere, weil in ihrem bloßen Bestand nicht hinreichend gesichert, mit Ansehen und Gewalt ausgerüstet werden müssen ³. Zu weit würde der Nachweis führen, daß, wie hassenswert auch die Herrschaft der Gewalt über die Geister der Menschen erscheinen mag, da sie nur Heuchelei und infolgedessen eine niedrige Gesinnung erzeugt, wie sehr sie auch dem Geist der Duldung und Brüderlichkeit zu widersprechen scheint, den die von uns am meisten verehrte Autorität ⁴ fordert, sie dennoch notwendig und unerläßlich ist. Alles dieses muß als klar bewiesen und als mit den wahren Interessen der Menschen im Einklang stehend angenommen werden, wenn jemand vorhanden ist, der diese Herrschaft mit anerkannter Gewalt ausübt. Ich spreche nur von den Verbrechen, die aus der menschlichen Natur und dem Gesellschaftsvertrage entspringen, und nicht von den Sünden, deren Strafen, auch soweit sie zeitlich sind, sich nach anderen Grundsätzen als nach denen einer beschränkten Philosophie regeln müssen.

---

1. Die letzte Hexenhinrichtung auf Reichsboden fand 1756 — 8 Jahre vor Drucklegung dieser Schrift! — in Landshut statt (die

15-jährige Veronika Zeritschin), also durchaus nicht in ferner Zeit. Nostalgische Gemüter seien getröstet: Dieser Aberglauben kommt wieder zu uns, auch der Kannibalismus. Die deutschlandfeindliche Kanzlerin war nicht vergebens mehrmals im Süden Afrikas — nun werden die Neger, die Anhänger der Naturreligionen sind, hunderttausendfach einströmen und wir Vollidioten werden sie wie jeden anderen Mist der Welt willkommen heißen.

2. d. h. der Religion; auch hier hat der Gegner von seinen besonderen kritischen Gesetzen Gebrauch gemacht, indem er ein »d. h. der Religion« da eingefügt hat, wo es ihm passend erschien. Wenn aber sonst ähnliche Einschaltungen nicht am Platze waren, so hat er hier zufällig das Rechte getroffen. Risposta I, 20. [KE]

3. In der »Entgegnung« (I, 20) bemerkt Beccaria zu dieser Stelle; »In diesem Buche spreche ich nicht von Sünde; die zeitlichen Strafen der Sünde müssen nach Grundsätzen bestimmt werden, die nicht allein von der menschlichen Vernunft abhängen; und ich habe mir vorgenommen, nur von solchen Handlungen zu sprechen, die ein Ausfluß der rein menschlichen Vernunft sind. Ich glaube, daß ganz augenscheinlich die Strafe als gerecht erwiesen ist, die in einigen Fällen über diejenigen verhängt wurde, deren Glauben nicht mit der herrschenden Staatsreligion übereinstimmte; aber ich will nicht hierüber urteilen, noch es unternehmen, den Beweis hierfür zu erbringen, weil mich dieses über meinen Gegenstand hinausführen würde. Damit man sieht, eine wie weite Abschweifung dieses von meinem Thema wäre, so will ich nur vier Hauptgegenstände anführen, die ich erörtern müßte, wenn ich mich dieser Aufgabe unterziehen wollte; nämlich 1., daß eine vollständige Einheitlichkeit des Denkens für die öffentliche Ruhe notwendig wäre; 2., daß, wenn diese Einheitlichkeit auch durch ganz spitzfindige und dem menschlichen Fassungsvermögen fernliegende Unterschiede aufgehoben würde, hierdurch der öffentlichen Ruhe ein Schaden erwüchse; 3., daß Gewalt und Ansehen Mittel wären, den Glauben an Wahrheiten bestimmter Art in dem Publikum zu verbreiten und zu erhalten; 4., daß der Gebrauch der Gewalt nötig und unerläßlich wäre, obwohl er in den meisten Fällen nur Heuchelei und niedrige Gesinnung hervorruft. Diese vier Sätze will ich als erwiesen erachten, aber nicht den Beweis für sie antreten. [KE]

4. Die Evangelien. [KE]

FALSCHE VORSTELLUNGEN VON DER NÜTZLICHKEIT

Eine Quelle von Irrtümern und Ungerechtigkeiten sind die falschen Vorstellungen von der Nützlichkeit, die sich die Gesetzgeber machen. Eine falsche Vorstellung von der Nützlichkeit hat, wer die besonderen Mißstände vor dem allgemeinen Mißstand berücksichtigt, wer den Gefühlen gebietet anstatt sie zu erwecken, und dem Verstand zuruft, »diene«! Eine falsche Vorstellung von der Nützlichkeit hat ferner, wer tausend wirkliche Vorteile wegen eines eingebildeten oder unbedeutenden Mißstandes opfert, wer den Menschen das Feuer oder das Wasser entziehen wollte, weil es einen Brand oder eine Überschwemmung verursachen könnte [1].

Die Gesetze, die das Waffentragen verbieten [2], sind solcher Art; sie entwaffnen nur die, welche keine Neigung zu Verbrechen haben, und nicht die dazu Entschlossenen. Denn wie werden die, welche den Mut haben und dazu imstande sind, die heiligsten Gesetze der Menschheit und die wichtigsten Bestimmungen des Gesetzbuches zu verletzen, jene minder bedeutenden und willkürlichen achten, deren so leichte Übertretung straflos bleiben sollte, weil ihre strenge Durchführung die persönliche Freiheit, die dem Menschen und dem aufgeklärten Gesetzgeber das höchste ist, aufhebt und die Unschuldigen allen den Plackereien unterwirft, die nur die Schuldigen zu erdulden haben sollten? Solche Gesetze verschlechtern die Lage der Angegriffenen und verbessern die der Angreifer; sie vermindern nicht, sondern vermehren die Mordtaten, da es weit sicherer ist, einen Waffenlosen als einen Bewaffneten anzugreifen. Solche Gesetze wenden nicht die Verbrechen ab, sondern haben Furcht vor ihnen, sie entstehen unter dem betäubenden Eindruck einzelner Vorfälle, nicht aus der vernünftigen Erwägung der Nachteile und Vorteile einer allgemeinen gesetzlichen Bestimmung.

Eine falsche Vorstellung von Nützlichkeit hat, wer einer Menge fühlender Wesen die symmetrische Ordnung geben wollte, die nur der rohe und empfindungslose Stoff duldet; wer die augenblicklichen Beweggründe, die allein nachhaltig und kräftig auf die Menge einwirken, außer acht läßt, um den entfernteren Kraft zu verleihen, deren Eindruck nur sehr kurz und schwach ist, wenn nicht eine so lebhafte Einbildungskraft, wie sie bei den Menschen nur selten vorkommt, durch die Vergrößerung des Gegenstands seine Entfernung verschwinden läßt. Endlich hat eine falsche Vorstellung von der Nützlichkeit, wer die Sache dem Namen opfernd das allgemeine Wohl von demjenigen aller einzelnen trennt.

Das ist eben der Unterschied zwischen dem Gesellschafts- und Naturzustand, daß ein wildlebender Mensch dem anderen nur so viel Schaden zufügt als sein eigener Vorteil erheischt, aber der in dem Gesellschaftszustande lebende Mensch manchmal durch schlechte Gesetze veranlaßt wird, den anderen zu schaden, ohne sich selbst zu nützen. Der Despot streut Mutlosigkeit und Angst in die Seelen seiner Sklaven; aber die Rückwirkung hiervon erfaßt ihn mit doppelter Kraft, nur um seine Seele zu martern.

Je vereinzelter die Furcht und je mehr sie auf das Haus beschränkt ist, desto weniger Gefahr bietet sie dem, der sie zum Werkzeug seines Glückes macht; je öffentlicher sie aber ist, und eine je größere Menge sie beunruhigt, desto leichter findet sich ein Unbesonnener, ein Verzweifelter oder ein Waghals, der die Menschen seinen Zwecken dienstbar zu machen versteht, indem er in ihnen angenehmere Gefühle wachruft, die um so verführerischer wirken, als die Gefahr des Unternehmens sich auf eine Anzahl verteilt, und der Wert, den die Unglücklichen ihrem Leben beimessen, in demselben Maße abnimmt, als das Elend sich vergrößert, das sie erdulden. Der Grund, weshalb Beleidigungen immer wieder neue erzeugen, ist der, daß der Haß ein so viel länger als die Liebe dauerndes Gefühl ist, weil er seine Kraft aus der Fortdauer der Handlungen zieht, welche die letztere schwächt.

---

1. Im Deutschland der Schlepperkönigin Merkel ist es die Partei der Schulabbrecher »Die Grünen«, die möglichst alles verbieten wollen, was Spaß macht oder nützlich ist. Minderheiten sollen ohne Ende gefördert werden, wer keiner angehört, ist selber schuld. Der neueste Furz bezieht sich auf das Verbot von Dieselmotoren; das wird im Bundestag vehement von diesen Rotznasen gefordert, die einen Otto— nicht von einem Dieselmotor, ja die einen Verbrennungsmotor nicht von einem Elektromotor unterscheiden können.

2. Die vor Weisheit nur so triefende Große Koalition findet tausende illegale Schußwaffen im Land völlig normal, auch daß jeder zugelaufene Asylbandit sein Klappmesser stets einsatzbereit bei sich trägt, ist kein Grund zur Beunruhigung. Es träfe sicher nur einen Deutschen, aber die sterben doch sowieso aus. Ich fordere die Wiedereinführung der Todesstrafe (für Politiker).

VON DEM FAMILIENGEISTE

Wie viele verderbliche und doch anerkannte Ungerechtigkeiten wurden selbst von den aufgeklärtesten Menschen gebilligt und in den freiesten Republiken verübt, weil man die Gesellschaft mehr als eine Vereinigung von Familien denn als eine Vereinigung von Menschen betrachtete! Angenommen, es leben in einem Staate hunderttausend Menschen oder zwanzigtausend Familien, deren jede, einschließlich des sie vertretenden Oberhauptes, aus fünf Köpfen besteht; wird nun die Vereinigung durch Familien gebildet, so wird sie zwanzigtausend freie Menschen und achtzigtausend Sklaven enthalten; wird die Vereinigung aber durch Menschen gebildet, so wird sie hunderttausend Bürger und keinen einzigen Sklaven enthalten. Im ersteren Falle entsteht eine aus zwanzigtausend kleinen Monarchien gebildete Republik, in dem zweiten Fall wird nicht nur auf den Plätzen und in den Volksversammlungen ein republikanischer Geist atmen, sondern auch im Familienleben, auf dem das Glück oder Unglück der

Menschen zum größten Teil beruht. Im ersteren Falle wird, da die Gesetze und Gewohnheiten das Ergebnis der Anschauungsweise der Staatsglieder, d. h. der Familienoberhäupter sind, der monarchische Geist allmählich in die Republiken eindringen, und seine Wirkungen werden nur durch die entgegengesetzten Interessen eines jeden Familienoberhauptes, aber nicht durch ein Freiheit und Gleichheit atmendes Gefühl gehindert werden. Der Familiengeist ist ein Geist des Kleinlichen und haftet an geringfügigen Tatsachen.

Der in den Republiken herrschende Geist, der Begründer der allgemeinen Grundsätze, sieht die Tatsachen und bringt sie nach Maßgabe ihrer Wichtigkeit für das Wohl der Mehrzahl in Hauptklassen. In einer aus Familien bestehenden Republik bleiben die Söhne in der Gewalt des Familienoberhauptes so lange dieses lebt, und haben erst nach seinem Tode Aussicht auf eine nur von den Gesetzen abhängige Rechtsstellung. Wie sollten die, welche an ängstliche Unterwürfigkeit schon in dem jugendlichsten und kräftigsten Alter gewöhnt sind, einem Alter, wo die Gefühle weniger von jener aus der Erfahrung entspringenden Furcht, die Mäßigung heißt, gehemmt werden, den Hindernissen widerstehen, die das Laster stets der Tugend im kraftlosen und hinfälligen Alter entgegensetzt, wo schon die Aussichtslosigkeit, die Früchte zu sehen, jede tiefgreifende Veränderung hindert?

Ist dagegen die Republik aus einzelnen Menschen zusammengesetzt, so ist die Familie keine auf Zwang, sondern eine auf Vertrag beruhende Unterordnung; und die Söhne werden, sobald sie ihr Alter von der natürlichen Abhängigkeit, welche durch Schwäche, durch das Bedürfnis der Erziehung und des Schutzes bedingt ist, befreit, freie Glieder des Staates und unterwerfen sich dem Oberhaupt der Familie nur um an den Vorteilen des Familienverbandes teilzunehmen, wie es die freien Bürger gegenüber der großen Staatsgesellschaft tun.

Im ersteren Falle ist die Jugend, (d. h. der größte und nützlichste Teil des Volkes, der Willkür ihrer Väter preisgegeben; im zweiten Falle ist ihnen kein anderes Band auferlegt als jene heilige, unverletzliche Verpflichtung, sich gegenseitig den nötigen Beistand zu leisten und für empfangene Wohltaten sich dankbar zu erweisen; dieses Pflichtgefühl ist aber weniger durch die Bosheit des menschlichen Herzens als durch eine unangebrachte, von den Gesetzen gebotene Unterwürfigkeit ausgerottet worden.

Solche Widersprüche zwischen den Familien und den Grundgesetzen des Staates sind eine ergiebige Quelle für andere Widersprüche zwischen der häuslichen und öffentlichen Moral, und rufen deshalb einen beständigen Kampf in dem Gewissen eines jeden hervor. Die erstere erzeugt Unterwürfigkeit und Furcht, die letztere Mut und Freiheitssinn; jene schreibt vor, die Wohltätigkeit auf eine kleine Anzahl von Personen, die man nicht selbst ausgewählt hat, zu beschränken, diese dagegen, sie auf alle Menschen auszudehnen; jene befiehlt die ständige Aufopferung des eigenen Ichs für einen eitelen Götzen, der Familiengeist heißt, aber gar oft nicht einmal das Glück auch nur eines einzigen Familiengliedes ausmacht; diese lehrt, wie man ohne Gesetzesverletzung dem eigenen Vorteil dienen kann, oder spornt durch den Preis der Begeisterung, welche der Tat vorausgeht, zur eigenen Aufopferung für das Vaterland an. Solche

Widersprüche sind daran schuld, daß die Menschen nur ungern der Tugend folgen, die sie verschleiert, verwirrt und fernliegend finden, wie dies bei allen in Dunkelheit gehüllten Gegenständen der Fall ist, sie seien physische oder moralische. Wie oft ist ein Mensch, der an sein vergangenes Leben zurückdenkt, darüber erstaunt, daß er sich unredlich findet!

Je mehr die Gesellschaft sich vermehrt, ein desto kleinerer Teil des Ganzen wird ein jedes Glied, und das republikanische Gefühl verschwindet in gleichem Maße, wenn die Gesetze nicht darauf bedacht sind, es zu heben. Den Staaten sind, wie den Menschen, gewisse Grenzen gezogen, über die sie nicht hinauswachsen dürfen, ohne daß ihr innerer Beistand notwendigerweise in die Brüche geht. Es scheint, als müsse die Größe eines Staates im umgekehrten Verhältnis zu der Empfindlichkeit [1] seiner Bürger stehen; sonst würden die guten Gesetze bei den Anordnungen zur Verhütung der Verbrechen gerade in dem Guten, das sie hervorgebracht haben, ein Hindernis finden. Eine zu große Republik entgeht nur dann dem Despotismus, wenn sie sich selbst zerteilt und die hierdurch entstandenen Republiken zu einem Bunde vereint. Aber wie kann dies erreicht werden? Durch einen despotischen Diktator, der so viel Mut wie Sulla hat und ebensoviel Genie zum Aufbauen, wie dieser zum Zerstören hatte. Ist ein solcher Mann ehrgeizig, so erwartet ihn unvergänglicher Ruhm, ist er Philosoph, so trösten ihn die Segenswünsche seiner Mitbürger über den Verlust seiner Gewalt, selbst wenn er nicht gegen ihre Undankbarkeit gleichgültig wäre. In demselben Maße wie die Gefühle, die uns mit der Nation verbinden, sich abschwächen, desto stärker werden die Gefühle für die Gegenstände, die uns umgeben; deshalb sind unter dem stärksten Despotismus die Bande der Freundschaft dauerhafter, und die stets mittelmäßigen Familientugenden die häufigsten oder vielmehr die einzigen. Hieraus kann jeder ermessen, wie beschränkt der Gesichtspunkt der meisten Gesetzgeber war.

---

1. d. h. Reizbarkeit, Neigung zum Verbrechen, Kriminalität. [KE]

VOM FISKUS

Es gab eine Zeit, in der fast alle Strafen Geldstrafen waren. Die Verbrechen der Menschen bildeten das Stammvermögen der Fürsten, die Angriffe auf die öffentliche Sicherheit eine Einnahmequelle; der, welcher zu ihrer Verteidigung berufen war, hatte ein Interesse daran, sie verletzt zu sehen. Bei den Strafen handelte es sich also um einen Prozeß zwischen dem Fiskus, der jene Strafen eintrieb, und dem Angeklagten, um einen streitigen zivilrechtlichen Anspruch, mehr um eine private als öffentliche Angelegenheit; hierbei gab man dem Fiskus andere Rechte als sie die Aufrechterhaltung des öffentlichen Wohles bedingte, und erlegte dem Angeklagten andere Strafen auf als die, denen er um der Notwendigkeit des Beispiels willen verfallen war. Der Richter erschien demnach mehr als ein Anwalt des Fiskus denn ein unparteiischer Erforscher der Wahrheit, mehr als ein Vertreter der fiskalischen Interessen denn ein Beschützer und Diener der Gesetze.

Aber da unter diesem System das Geständnis der

Tat ein Schuldanerkenntnis gegenüber dem Fiskus war, worin ja das Endziel der damaligen Strafprozesse bestand, so wurde das Geständnis des Verbrechens, welches so eingerichtet war, daß es stets zu Gunsten und nie zu Ungunsten der fiskalischen Interessen ausschlug, der Mittelpunkt, um den sich alle Strafverfahren drehten; und dies ist auch heute noch der Fall, da die Wirkungen häufig die Ursachen überdauern. Ohne Geständnis wird der durch unumstößliche Beweise überführte Angeklagte eine geringere als die höchste zulässige Strafe erhalten, ohne Geständnis wird er nicht wegen anderer Verbrechen der gleichen Art, die er etwa noch begangen haben könnte, auf die Folter gespannt. Mittels des Geständnisses bemächtigt sich der Richter des Körpers eines Angeklagten und martert ihn unter ausgeklügelten Förmlichkeiten, um aus ihm wie aus einem erworbenen Grundstück möglichst viel Nutzen zu ziehen.

Ist das Vorliegen eines Verbrechens erwiesen, dann bildet das Geständnis einen unumstößlichen Beweis; um aber diesen Beweis weniger verdächtig zu machen, erpreßt man es durch Martern und durch die Verzweiflung des Schmerzes, während gleichzeitig ein außergerichtliches, ruhiges, gleichmütiges und nicht durch die Furcht vor einem qualvollen Verfahren vorwiegend beeinflußtes Geständnis nicht zur Verurteilung genügt. Man schließt die Ermittelungen und Beweise aus, die zwar den Tatbestand aufklären, aber die Interessen des Fiskus benachteiligen würden. Nicht aus Rücksicht auf das Elend und die Schwäche erspart man manchmal dem Angeklagten die Folter, sondern damit der Fiskus, jenes nur noch in der Einbildung fortlebende unbegreifliche Wesen, keines seiner Ansprüche verlustig gehe. Der Richter wird der

Feind des Angeklagten, eines gefesselten Mannes, der dem tiefsten Elend, den Martern und der schrecklichsten Zukunft preisgegeben ist; er will nicht die Wahrheit des Tatbestandes erforschen, sondern er sucht bei dem Angeklagten das Verbrechen; er stellt ihm Fallen und glaubt, wenn er hiermit seinen Zweck nicht erreicht, zu verlieren und der Unfehlbarkeit zu nahe zu treten, die sich der Mensch in allen Dingen beimißt.

Die Verdachtsgründe, die zur Festnahme führen, liegen in der Gewalt des Richters; damit ein Mensch seine eigene Unschuld beweise, muß er zuerst für schuldig erklärt werden; dies heißt man, ihm den Offensivprozeß machen, und dieses ist das Strafverfahren in fast jedem Teil des aufgeklärten Europa im achtzehnten Jahrhundert! Der wahre, der Informativprozeß, d. h. die unparteiische Ermittelung des Tatbestandes, wie sie die Vernunft vorschreibt, wie sie die Militärgesetze angenommen haben, und wie sie selbst von dem asiatischen Despotismus bei ruhigen und unerheblichen Fällen vorgenommen wird, kommt vor unseren europäischen Gerichtshöfen nur selten zur Anwendung. Welch' ein verwickeltes Labyrinth von sonderbaren Ungereimtheiten, die ohne Zweifel einer glücklicheren Nachwelt unglaubhaft erscheinen werden! Nur die Philosophen jener Zeit werden es aus der menschlichen Natur erklären können, daß ein solches System überhaupt möglich war.

WIE MAN DEN VERBRECHEN VORBEUGT

Es ist besser, den Verbrechen vorzubeugen als sie zu bestrafen [1]. Dies ist der Hauptzweck einer guten Gesetzgebung, welche die Kunst ist, die Menschen zum größtmöglichen Glück oder zum geringstmöglichen Unglück zu führen, um alle Berechnungen der Güter und Leiden des Lebens in einer Formel wiederzugeben. Aber alle bis jetzt angewandten Mittel sind größtenteils verkehrt, ja dem erstrebten Ziel gerade zuwiderlaufend. Es ist unmöglich, in die unruhige Tätigkeit der Menschen eine mathematische Ordnung zu bringen, die jede Unregelmäßigkeit und Verwirrung ausschlösse. Wie die unabänderlichen einfachen Naturgesetze nicht verhindern, daß die Planeten sich in ihrer Bahn stören, so können auch die menschlichen Gesetze bei den unendlichen und ganz entgegengesetzten Anziehungskräften von Freud und Leid Störungen und Unordnungen nicht verhindern. Trotzdem wähnen beschränkte Menschen dies zu können, wenn sie zu befehlen haben [2].

Dadurch, daß man eine Menge gleichgültiger Handlungen verbietet, verhütet man noch nicht die Verbrechen, die daraus entstehen könnten, sondern schafft vielmehr nur neue; man bestimmt nach Willkür die Begriffe von Tugend und Laster, die man uns für ewig und unwandelbar ausgibt. Wohin kämen wir, wenn uns alles verboten werden sollte, was Anlaß zu einem Verbrechen bieten könnte? Man müßte den Menschen des Gebrauchs seiner Sinne berauben. Auf einen Beweggrund, der die Menschen zur Begehung eines wirklichen Verbrechens bestimmt, kommen tausende, die sie zur Vornahme jener gleichgültigen Handlungen veranlassen, die von schlechten Gesetzen zu Verbrechen gestempelt werden. Wenn die Wahrscheinlichkeit der Begehung von Verbrechen der Zahl der sie herbeiführenden Beweggründe entspricht, so bedeutet die Erweiterung des Kreises der Verbrechen eine Erhöhung der Wahrscheinlichkeit ihrer Begehung [3]. Die meisten Gesetze sind eben nur Privilegien, d. h. eine Beisteuer aller zu dem Vorteil einiger weniger.

Will man den Verbrechen vorbeugen, so schaffe man klare und einfache Gesetze, damit das Volk mit seiner ganzen Kraft sie verteidigt und keinen Teil der letzteren zu ihrer Beseitigung verwendet. Man sorge dafür, daß die Gesetze weniger einzelnen Menschenklassen als den Menschen überhaupt Vorteile bringen, und daß die Menschen sie, und nur sie allein, fürchten. Die Furcht vor den Gesetzen bringt Heil, aber die vor Menschen ist verhängnisvoll und erzeugt Verbrechen. Geknechtete Menschen sind genußsüchtiger, ausschweifender und grausamer als freie Menschen. Diese sind auf die Wissenschaften und die Interessen der Nation bedacht, haben Sinn für das Große und ahmen es nach. Jene dagegen, zufrieden damit, wenn sie die Bedürfnisse des Augenblicks befriedigt haben, suchen im Taumel eines zügellosen Lebens den Abgrund zu vergessen, vor dem sie sich sehen; an die Ungewißheit des Ausgangs aller Dinge gewöhnt, wird ihnen der Ausgang ihrer Verbrechen fraglich, was die Leidenschaft, die sie dazu antreibt, noch vermehrt. Findet sich die Unzuverlässigkeit der Gesetze bei einem infolge des Klimas zur Trägheit neigenden Volk vor, so hält sie seine Trägheit und Dummheit aufrecht, ja sie steigert sie sogar. Findet sie sich jedoch bei einem genußsüchtigen, aber regsamen Volk vor, so zersplittert sie seine Tätigkeit in einer Unzahl kleiner Ränke und Tücken, die Mißtrauen in die Herzen aller säen, sowie Verrat und Heuchelei zur Grundlage der Klugheit machen. Findet sie sich bei einem tapferen und mutigen Volk, so wird sie schließlich beseitigt, verursacht aber vorher viele Schwankungen von der Freiheit zur Knechtschaft und der Knechtschaft zur Freiheit.

Will man den Verbrechen vorbeugen, so sorge man dafür, daß die Aufklärung mit der Freiheit Hand in Hand gehe [4]. Die Übel, die aus der Aufklärung erwachsen, stehen in umgekehrtem Verhältnis zu deren Verbreitung, die Vorteile aber in geradem. Ein kühner Betrüger, der immer ein außergewöhnlicher Mensch ist, wird von einem unwissenden Volk vergöttert, von einem aufgeklärten dagegen verspottet. Die Kenntnisse erleichtern die Vergleichung der Dinge, erweitern den Gesichtskreis, stellen viele Empfindungen einander gegenüber, die sich gegenseitig um so leichter berichtigen, je mehr bei den anderen dieselben Anschauungen und dieselben Gegenstände zu tage treten. Vor der unter der Nation reichlich verbreiteten Aufklärung schweigt die verleumderische Unwissenheit und zittert die nicht von Vernunftgründen unterstützte Autorität, während die starke Macht der Gesetze unerschüttert bleibt. Deshalb gibt es keinen aufgeklärten Menschen, der nicht öffentliche, klare und nützliche Verträge zur Erhaltung der allgemeinen Sicherheit liebt, indem er den geringen, für ihn unnötigen Teil der von ihm aufgeopferten Freiheit mit der Summe der von allen übrigen Menschen aufgeopferten Freiheit vergleicht, die sich ohne bestehende Gesetze gegen ihn verschwören könnten. Wer vernünftigen Sinns einen Blick auf eine Sammlung gut abgefaßter Gesetze wirft und hierbei findet, daß er nur die verderbliche Freiheit, den anderen zu schaden, verloren hat, wird sich gedrungen fühlen, den Thron und dessen Inhaber zu segnen.

Es ist nicht wahr, daß die Wissenschaften immer der Menschheit zum Schaden ausschlugen; wenn dies wirklich einmal der Fall war, so war es ein für die Menschen unvermeidliches Übel. Die Vermehrung des Menschengeschlechts auf Erden führte den Krieg herbei, schuf die rohesten Künste und die ersten Gesetze, die nur für den Augenblick geschlossene Verträge waren und, dem jeweiligen Bedürfnis entsprungen, mit diesem wieder verschwanden. Dies war die erste Philosophie der Menschen, deren wenige erste Elemente gerecht waren, weil ihre Gleichgültigkeit und ihr Mangel an Scharfblick sie vor dem Irrtum bewahrte. Aber die Bedürfnisse steigern sich immer mit der Vermehrung der Menschen. Es waren also stärkere und nachhaltigere Eindrücke nötig, um sie vor den wiederholten Rückfällen in den Urzustand der Ungeselligkeit, der immer verderblicher wurde, zu bewahren. Daher erwiesen jene ersten Irrtümer, die die Erde mit falschen Gottheiten bevölkerten und eine unsichtbare, die unsere beherrschende Welt schufen, der Menschheit — in politischer Hinsicht — einen großen Dienst. Wohltäter der Menschen waren die, welche es wagten, sie zu überraschen und die gelehrige Unwissenheit zu den Altären schleppten. Indem sie ihnen sinnlich nicht wahrnehmbare Gegenstände vorführten, die ihnen entwichen, je mehr sie sie erfaßt zu haben glaubten, die nie verachtet, weil nie richtig erkannt wurden, vereinigten und faßten sie alle menschliche Leidenschaften in einen Punkt zusammen, der sie mächtig ergriff. Dies waren die ersten Schicksale aller Nationen, die sich aus wilden Völkerschaften bildeten. Dies war die Epoche der Entstehung der großen Gesellschaften, und so war deren notwendiges und vielleicht einziges Band beschaffen. Ich spreche nicht von jenem von Gott auserwählten Volke, bei dem die außerordentlichsten Wunder und die deutlichsten Gnadenbezeugungen an die Stelle menschlicher Staatskunst traten. Aber wie es eine Eigentümlichkeit des Irrtums ist, sich bis ins Unendliche zu verbreiten, so machten die Wissenschaften, die aus ihm hervorgingen, aus den Menschen eine fanatische Menge Verblendeter, die in einem Irrgarten ohne Ausgang sich so aneinander stoßen und drängen, daß manche empfindsame und philosophische Gemüter das Aufhören des ehemaligen Zustandes der Wildheit bedauerten. Dies ist die erste Epoche, in welcher die Kenntnisse oder, richtiger gesagt, die Meinungen verderblich sind.

Die zweite Epoche bildet der schwierige und furchtbare Übergang von den Irrtümern zur Wahrheit, aus der Finsternis, deren man sich gar nicht bewußt war, zum Licht. Der ungeheure Zusammenstoß der wenigen Mächtigen vorteilhaften Irrtümer mit den vielen Schwachen vorteilhaften Wahrheiten, die Reibung und Gärung der Leidenschaften, die bei dieser Gelegenheit erwachen, fügen der unglücklichen Menschheit unsägliches Leid zu. Wer über die Geschichte, die sich nach bestimmten Zeitabschnitten in ihren Hauptepochen wiederholt, nachdenkt, wird mehrmals finden, wie eine Generation dem Glück der späteren Generationen aufgeopfert wird in dem traurigen aber notwendigen Übergang von der Finsternis zu dem Lichte der Philosophie, von der Tyrannei zu der Freiheit, die das Endergebnis dieser Entwicklung sind. Wenn sich aber die Gemüter beruhigt haben, und der Brand, der die Nation von den sie bedrückenden Übeln befreit hat, erloschen ist, wenn die Freiheit, die zuerst nur langsame, später aber schnellere Fortschritte macht, neben dem Fürsten auf dem Thron sitzt und in den Parlamenten der Republiken gepflegt und verehrt wird, wer darf dann behaupten, daß das Licht, welches die Menge aufklärt, schädlicher als die Finsternis sei, und daß die richtige Erkenntnis der wahren und einfachen Verhältnisse der Dinge zueinander den Menschen Verderben bringe?

Wenn die blinde Unwissenheit weniger verderblich ist, als das halbe und ungeordnete Wissen, da dieses zu den Übeln der ersteren noch diejenigen des Irrtums hinzufügt, der für den unvermeidlich ist, dessen Gesichtskreis diesseits der Grenzen des Wahren endet, so ist ein aufgeklärter Mensch, der zum Wahrer und Hüter der unverletzlichen Gesetze bestellt wird, das kostbarste Geschenk, das der Fürst der Nation und sich selbst machen kann. Gewohnt, der Wahrheit furchtlos ins Antlitz zu schauen, frei von dem größten Teil jener angeblichen, niemals völlig befriedigten Bedürfnisse, welche die Tugend der meisten Menschen auf die Probe stellen, gewohnt, die Menschheit von einem viel höheren Gesichtspunkt aus zu betrachten, wird die eigene Nation in seinen Augen eine Familie verbrüderter Menschen, und der Abstand der Großen von dem Volke erscheint ihm um so kleiner, je größer der Bestandteil der Menschen ist, den er vor Augen hat. Die Philosophen haben Bedürfnisse und Interessen, die das gewöhnliche Volk nicht kennt, insbesondere das, vor dem Lichte der Öffentlichkeit die Grundsätze nicht zu verleugnen, die sie in der Verborgenheit vorgetragen haben, auch eignen sie sich die Gewohnheit an, die Wahrheit um ihrer selbst willen zu lieben. Ein erlesener Kreis solcher Männer bewirkt das Glück der Nation, freilich nur ein Glück des Augenblicks, wenn nicht die guten Gesetze deren Anzahl so vermehren, daß die immer große Wahrscheinlichkeit einer schlechten Auswahl vermindert wird.

Ein anderes Mittel, die Verbrechen zu verhüten, besteht darin, das zur Vollziehung der Gesetze berufene Kollegium mehr für die Beobachtung [Beachtung, Einhaltung] als für die Umgehung der Gesetze zu interessieren. Je größer die Anzahl der Personen ist, aus der es sich zusammensetzt, desto geringer ist die Gefahr eines Eingriffs in die gesetzlich begründeten Rechte, weil Bestechung bei Mitgliedern schwieriger ist, die sich gegenseitig beobachten und um so weniger an der Erweiterung ihrer eigenen Machtbefugnis interessiert sind, je geringer der hierbei auf den einzelnen entfallende Teil ist, namentlich im Vergleich zu der Gefahr des Unternehmens. Wenn der Souverän durch Gepränge und Pomp, durch strenge Erlasse, durch Nichtzulassung [5] begründeter und unbegründeter Klagen derer, die sich unterdrückt glauben, die Untertanen daran gewöhnt, mehr als die Gesetze die Behörden zu fürchten, so werden diese letzteren aus der Furcht einen größeren Nutzen ziehen als den, welchen die private und öffentliche Sicherheit dadurch erlangt.

Ein weiteres Mittel, die Verbrechen zu verhüten, besteht in der Belohnung der Tugend. Über diesen Gegenstand bemerke ich ein allgemeines Stillschweigen in den Gesetzen aller jetzt bestehenden Nationen. Wenn die von den Akademien für die Entdeckung nützlicher Wahrheiten ausgesetzten Preise die Kenntnisse und die guten Bücher vermehrt haben, warum sollen nicht die von der wohltätigen Hand des Fürsten verteilten Preise ebenfalls die Zahl der tugendhaften Handlungen vervielfältigen? Der Ehrenlohn ist in den Händen eines weisen Verteilers unerschöpflich und fruchtbringend.

Das sicherste, aber schwierigste Mittel, die Verbrechen zu verhüten, ist endlich die Verbesserung der Erziehung [6], ein allzu umfassender Gegenstand, der die mir gesteckten Grenzen überschreitet, ein Gegenstand, der, wie ich zu behaupten wage, zu sehr die Natur der Regierung in ihrem innersten Wesen beeinflußt [7], um nicht bis in die entlegensten Jahrhunderte des allgemeinen Glücks ein fruchtbares Feld zu sein, das hin und wieder von einigen Weisen bebaut wird. Ein großer Mann, der die ihn verfolgende Menschheit aufklärt, hat bis ins einzelne die Hauptgrundsätze der den Menschen wirklich nützlichen Erziehung dargelegt [8]; diese hat sich nämlich weniger mit einer unfruchtbaren Menge von Gegenständen zu befassen, als vielmehr eine genaue Auswahl derselben zu treffen, sie hat bei den moralischen sowie physischen Erscheinungen, die zufällig oder absichtlich den jugendlichen Gemütern vorgeführt werden, die Urbilder an die Stelle der Nachbildungen treten zu lassen, sie muß in ihnen auf dem leichten Weg des Gefühls die Liebe zur Tugend erwecken, sie auf dem unfehlbaren Pfad der Notwendigkeit und des daraus entstehenden Nachteils vom Laster ablenken, nicht aber darf sie den unsicheren Weg des Befehlens einschlagen, der nur einen erheuchelten und zeitweiligen Gehorsam erzielt.

---

1. In den gemäßigten Staaten wird ein guter Gesetzgeber weniger darauf bedacht sein, Verbrechen zu bestrafen als sie zu verhüten; es wird ihm mehr darauf ankommen, Gesittung zu verbreiten als Strafen aufzuerlegen. Montesquieu, Esprit des lois VI, 9. [KE]
2. »Gib dem Deutschen ein Amt und Du erkennst ihn nicht wieder.«
3. Und umgekehrt. Nach den von vermummten Schwarzgekleideten in militärischer Taktik im Scholz—regierten Hamburg beim G20—Gipfel 2017 ausgeführten Angriffen auf Polizisten mit hunderten verletzten Beamten fordert nun eine Kommunistin, die Vermummung nicht mehr als Straftat, sondern als Ordnungswidrigkeit zu ahnden. Überhaupt ginge die Kriminalität gegen Null, wenn man alle Straftatbestände aufhöbe; dann wäre die Menschheit wieder an dem Punkt angelangt, der zum Abschluß des Gesellschaftsvertrages nach Hobbes und Rousseau führte.
4. Deutschland 2018: Die Zugelaufenen aus dem islamischen »Kulturkreis« und neuerdings aus Afrika stehen geistig in längstvergangenen Jahrhunderten, ja Jahrtausenden. Begriffe der europäischen Aufklärung des 18. Jahrhunderts sind ihnen fremd. Unverantwortlicherweise bekommen sie aber sofort Rechte wie sie der zivilisierten Deutschen Bevölkerung angemessen sind. Es ist nicht nur die Kriminalität, die so die Gesellschaft zerstört. s. a. »Vorbemerkung« im Anhang.
5. Die Lesart col non permettere etc., d. h. durch die Nichtausübung und das Verbot der Kabinettsjustiz, verdient den

Vorzug vor der Lesart col permettere, die bedeuten würde, daß die Klagen bei ihrer Anbringung nicht darauf geprüft werden sollten, ob sie begründet seien oder nicht, indem diese Frage erst nach vorgängigem förmlichen Verfahren zu entscheiden sei. [KE]
6. In einem zivilisierten Lande sollte islamische Propaganda an den öffentlichen Schulen untersagt sein. Eine Schule hat nichts mit mohammedanischen Gebräuchen zu tun, trotzdem wird »zur besseren Integration« der Kult um den Ramadan von Jahr zu Jahr größer. Das nennt man Islamisierung, aber die Antwort muß heißen »Keine Toleranz für die Intoleranz!«
7. Die Gesetze der Erziehung sind die ersten, die wir empfangen. Und da sie uns darauf vorbereiten, gute Bürger zu werden, so muß jede Einzelfamilie nach dem Plane der großen Familie, die sie alle umfaßt, regiert werden. Wenn das Volk im allgemeinen einen Grundsatz hat, so werden ihn auch die Teile, die es zusammensetzen, d. h. die Familien, haben. Die Gesetze der Erziehung werden also je nach Art der Regierungsform verschieden sein: in den Monarchien werden sie die Ehre, in den Republiken die Tugend, in den despotisch regierten Staaten die Furcht zum Gegenstand haben. Montesquieu, Esprit des lois IV, 1. [KE]
8. J. J. Rousseau in seinem Emile. [KE]

SCHLUSS

Aus allem bisher Gesagten kann man einen allgemeinen sehr nützlichen Lehrsatz ableiten, der mit dem Herkommen, das doch der gewöhnliche Gesetzgeber der Nation ist, wenig im Einklang steht: damit die Strafe nicht eine Gewalttat eines oder vieler gegen einen einzelnen Bürger sei, muß sie durchaus öffentlich, schnell eintretend, notwendig, so milde wie es die obwaltenden Umstände irgend gestatten, den Verbrechen angemessen und durch das Gesetz bestimmt sein.

CESARE BECCARIA

Beccaria, Cesare Bonesano de (*Rechtsphilosoph* und *Humanist*, geb. zu *Mailand* 15. März 1738, nach Andern 1735, gest. ebendas. 28. Nov. 1794, nach A. 1793). Entstammt einer altadeligen Familie Pavia's. Seine Mutter ist eine Visconti da *Rhó*. Seinen ersten Unterricht erhielt er bei den Jesuiten in Parma, wo er sich insbesondere in den classischen Sprachen ausbildete. Frühzeitig faßte er eine besondere Vorliebe für philosophische Studien und las mit mehreren Gleichgesinnten die Werke der französischen Philosophen *Condillac, Helvetius* und der Encyklopädisten. Einen nachhaltigen Eindruck machten aber auf ihn vor allen andern die Schriften *Montesquieu*'s und insbesondere dessen „Lettres persanes." Betreffs dieser seiner Studien äußerte B. öfter: Dass ihn eine dreifache Empfindung beherrsche: Liebe zur Wissenschaft, Hang zur Freiheit und Theilnahme an den Schicksalen seiner Mitmenschen. So warf er sich nunmehr auf das Studium der Nationalökonomie und anläßlich einer in Mailand plötzlich eingetretenen commerziellen Zerrüttung schrieb er sein erstes Werk: *„Del desordine e dei remedii delle monete nello stato di Milano nell'anno 1762"* (Lucca, 8°.). B. zählte damals 24 Jahre. Mehrere gleichgestimmte Seelen, welche um seine Zeit eben in Mailand lebten, schlossen sich enger zusammen und bildeten den Verein „*Caffé,"* der alsbald das gleichnamige Blatt herausgab. Zu diesem Vereine zählten die Gebrüder Peter und Alexander Grafen *Verri*, der Mathematiker Paul *Frisi*, Ludwig *Lamberthengi* u. A. Das Blatt erschien durch zwei Jahre, und B. legte in demselben manchen werthvollen Aufsatz nieder, darunter: *„Il discorso sugli Odori"* und *„Sulla Rinunzia alla Crusca."* Im *„Discorso del Faraone"* zeigte er seine mathematischen Kenntnisse und im *„Tentativo analitico sui Contrabbandi"* wandte er die Mathematik auf die Nationalökonomie an. Im *„Discorso sui fogli periodici"* erörterte er den Vortheil, den das Volk von den Zeitungen hat und wie ihm durch dieselben nützliche Wahrheiten auf's schnellste bekannt würden. Noch schrieb er *„Sui Piaceri dell'Immaginazione"* und *„Frammento sullo stile,"* die in's Französische übersetzt wurden. Diese Vorarbeiten läuterten B.'s Geist und Denkvermögen. Da fand eben in Frankreich der gräßliche Justizmord des ehrlichen *Calas* zu Toulouse Statt. Ein Schrei des Entsetzens durchdrang Frankreich und Deutschland und die französischen Encyklopädisten verbanden sich mit ihren humanistischen Freunden in Mailand, gegen die Härte der Strafen und gegen die

Unduldsamkeit religiöser Meinungen zu Felde zu ziehen. Graf *Verri*, amtlicher Beschützer der Eingekerkerten, brachte darauf bezügliche Erörterungen öfter zur Sprache und endlich ward *Beccaria*, der in diesen Discussionen sich vor Allen hervorgethan, ausgewählt, alles bisher über diesen Gegenstand Verhandelte in einen Zusammenhang zu bringen. Im Hause des Grafen Peter *Verri* begann B. im März 1763 das berühmte Werk: „*Dei delitti e delle pene,*" und vollendete es im Jän. 1764. Dasselbe kam zuerst anonym (1764 zu Livorno) heraus, wurde aber später unzählige Male nachgedruckt, übersetzt und commentirt. Der Grundgedanke des ganzen Werkes, das gegen die Todesstrafe und gegen die Tortur auftrat, spricht sich am Schlusse desselben aus, welcher lautet: „Wenn eine Strafe nicht die von Einem oder Mehreren gegen einen Zweiten angewendete *Gewalt* sein soll, dann muss sie wirklich öffentlich, schleunig und nothwendig, die unter den gegebenen Umständen kleinstmögliche im Verhältniss zum Verbrechen, und von den Gesetzen dictirt sein." Das Original-Manuscript auf fliegenden Blättern befindet sich noch im Besitze der Familie. Das Werk machte Aufsehen, selbst *Voltaire* commentirte es. Die Akademie schickte dem Verfasser ihre Medaille, die Kaiserin *Katharina* II. berief ihn nach Petersburg und trug ihm hohe Ehrenstellen an, überdies nahm sie die Grundsätze dieser Abhandlung in ihren Codex auf. *Beccaria* zog es aber vor, in der Heimat zu bleiben, wo man indeß auch auf ihn aufmerksam geworden, so daß der große Minister der Kaiserin *Maria Theresia*, Graf *Kaunitz*, in einem Briefe vom April 1767 an den Grafen *Firmian*, kais. Bevollmächtigten in der Lombardei, Folgendes schrieb: „Es wäre für das Land wünschenswerth, einen Mann nicht zu verlieren, der nicht nur mit Geist begabt, sondern – so viel aus seinem Buch erhellt – auch gewohnt ist zu denken, insbesondere bei der gegenwärtigen Armuth an denkenden Menschen und Philosophen; auch würde es dem Ministerium eben zu keiner Ehre gereichen, fremde Staaten in der dem Genius schuldigen Achtung zuvorkommen zu sehen." In einem andern Briefe heißt es: „Man müsse dem Lande einen Genius erhalten, um gleichen Geist und gleiche Liebe für philosophische Studien der Jugend einzuflößen, die ernster Beschäftigung ohnehin zu stark entfremdet ist, da die Jugend Italiens nur zu sehr der gemeinen Rechtsgelehrsamkeit des Gerichtshofs, die aller Gründlichkeit entbehrt, und frivolen Studien obliegt, welche, wenn sie auch die Ausbildung des Verstandes befördern, doch ganz und gar nicht die Veredlung der Vernunft bezwecken." – Nach solchen Vorgängen wurde eigens für B. eine Lehrkanzel der Staatswirthschaft gegründet und 1769 begann B. daselbst seine Vorträge. Seine Antrittsrede wurde augenblicklich in's Französische übersetzt u. erschien zu Lausanne im Druck. In seinen Vorträgen behandelte B. alle wichtigen national-ökonomischen Objecte. 1771 wurde B. Rath bei der obersten Stelle der Staatswirthschaft und 1791 kam er in den Ausschuß, welcher für die Reform der bürgerlichen und Strafrechts-Gesetzgebung zusammentrat. In den Archiven der Regierung sind nun die zahlreichen Beweise seines unermüdlichen Eifers niedergelegt. Die wichtigsten Gegenstände wurden ihm übertragen und unter den von ihm im Auftrage der Regierung bearbeiteten Objecten, deren glückliche Ergebnisse dann dem Publicum zu Gute kamen, sind zu nennen: Sein „Gutachten über die Annona;" sein anderes 1771 nach

Wien gesendetes, über die „Nothwendigkeit einer Münzreform." Im J. 1780 verfaßte er seinen „Bericht über die einheitliche Reduction der Maaße und Gewichte," und sein „Gutachten über die Resultate der Bevölkerungs-Tabellen;" 12 Jahre später gab er sein „Gutachten über den allgemeinen Criminal-Codex;" insofern er sich auf politische Verbrechen bezieht. Es zielt ab auf Innehaltung im Mißbrauche infamirender Strafen. Dem Zureden seiner Freunde folgend, beschloß er Frankreich und dessen Hauptstadt zu besuchen, um mit seinen Bewunderern persönliche Freundschaft zu schließen. Alex. Graf *Verri* begleitete ihn. Aber im Lärm von Paris fühlte er sich trotz der schmeichelhaften Aufnahme d'*Alembert*'s nicht behaglich; er reiste über die Schweiz zurück, wo er den alten *Voltaire* besuchte. Nach 10 Wochen, obwohl er eine viel längere Abwesenheit vermuthet, war er in seine Heimat zurückgekehrt. – Kaum hatte ein anderes Werk ähnlichen Erfolg gehabt, wie jenes „Ueber die Verbrechen und Strafen." In Italien allein erschienen über 30 verschiedene Ausgaben. Auch wurde es in alle lebenden Sprachen übersetzt. Bemerkenswerth ist, daß seine Autorschaft von *Linguet* bestritten wurde, der die Behauptung aufstellte, dasselbe sei von *Condorcet* an Paul *Frisi* geschickt und von einigen französischen Philosophen bearbeitet worden. Die ganze Gesellschaft Caffé legte gegen diese tollkühne Behauptung Protest ein. Die beste Ausgabe ist: Venedig 1781 in 2 Octavbänden, diese ist von B. selbst verbessert und sind mehrere Materien darin umgestellt. Von den deutschen Uebersetzungen sind zu nennen: die (von *Flathe*) mit *Hommels* Anmerkungen zu Breslau 1788 u. 1789, und die von J. A. *Bergk* (Leipzig 1798). Unter den französischen sind zu nennen: die von dem Abbé Andre *Morellet* 1766 ausgegebene, welche die Veranlassung war, B. im Namen der Pariser Philosophen nach Paris einzuladen; eine andere erschien von dem Senator *Röderer* (Paris 1798). Eine spanische von *Campomanes* wurde von der Inquisition verboten. Unter den Commentatoren sind nennenswerth: *Voltaire*: „Commentaire sur le livre des délits et des peines" (1766); – *Diderot* (in der *Röderer'*schen Ausgabe der *Morellet'*schen Uebersetzung) und *Scholl*: „Von Verbrechen und Strafen. Eine Nachlese zu *Beccaria*" (Leipzig 1778). – Von B.'s Gegnern sind bemerkenswerth: *Vouglas* „Refutation des principes hazardés dans le traité des délits et des peines" und *Pescatore* „Saggi intorno diversi opinioni ec." (Ueber diese siehe: *Böhmer*'s „Literatur des Criminalrechts" §. 42). – Seine über Staatswirthschaft gehaltenen Vorlesungen erschienen erst 1804, also 9 Jahre nach seinem Tode, im Drucke unter dem Titel: *„Studio delle scienze di economia politica."* In den *„Economisti italiani,"* einer mit typographischer Pracht veranstalteten Ausgabe sämmtlicher national-ökonomischen Werke von italienischen Schriftstellern legte B. der Erste den Plan eines allgemein anzuwendenden Decimalsystems nieder, das 10 Jahre später in Frankreich angenommen wurde. – Als B. im 56. Jahre– plötzlich vom Schlage getroffen – aus dem Dasein schied, war die Trauer um seinen Verlust allgemein. B. war zweimal verheiratet und hinterließ aus beiden Ehen einen Sohn und eine Tochter. Sein Körper ruht auf dem Kirchhofe der Porta Comasina in Mailand. Eigenthümlich ist, daß er mit vielen hochherzigen Charakteren des Alterthums eine Schwäche theilte. Obgleich frei von Vorurtheilen u. Philosoph, war er furchtsam wie das schüchternste Mädchen, und da er behauptete, daß die Kräfte der Natur lange nicht genug bekannt seien, glaubte er sich immer in Gefahr, den traurigen Folgen eines von ihm nicht vorgesehenen Zwischenfalls zu erliegen.

Constantin von Wurzbach, *Biographisches Lexikon des Kaiserthums Oesterreich, 1856*

Copyright © 2021 by Alicia Editions
Cover Design : canva.com
All rights reserved.

www.ingramcontent.com/pod-product-compliance
Lightning Source LLC
LaVergne TN
LVHW040145080526
838202LV00042B/3026